RESOLUCIÓN DE CONFLICTOS

Cómo Resolver Cualquier Problema, Discusión y Conversación Difícil sin Importar las Diferencias entre Personalidades

ALEXIS FISCHER

© Copyright 2021 – Alexis Fischer - Todos los derechos reservados.

Este documento está orientado a proporcionar información exacta y confiable con respecto al tema tratado. La publicación se vende con la idea de que el editor no tiene la obligación de prestar servicios oficialmente autorizados o de otro modo calificados. Si es necesario un consejo legal o profesional, se debe consultar con un individuo practicado en la profesión.

- Tomado de una Declaración de Principios que fue aceptada y aprobada por unanimidad por un Comité del Colegio de Abogados de Estados Unidos y un Comité de Editores y Asociaciones.

De ninguna manera es legal reproducir, duplicar o transmitir cualquier parte de este documento en forma electrónica o impresa.

La grabación de esta publicación está estrictamente prohibida y no se permite el almacenamiento de este documento a menos que cuente con el permiso por escrito del editor. Todos los derechos reservados.

La información provista en este documento es considerada veraz y coherente, en el sentido de que cualquier responsabilidad, en términos de falta de atención o de otro tipo, por el uso o abuso de cualquier política, proceso o dirección contenida en el mismo, es responsabilidad absoluta y exclusiva del lector receptor. Bajo ninguna circunstancia se responsabilizará legalmente al editor por cualquier reparación, daño o pérdida monetaria como consecuencia de la información contenida en este documento, ya sea directa o indirectamente.

Los autores respectivos poseen todos los derechos de autor que no pertenecen al editor.

La información contenida en este documento se ofrece únicamente con fines informativos, y es universal como tal. La presentación de la información se realiza sin contrato y sin ningún tipo de garantía endosada.

El uso de marcas comerciales en este documento carece de consentimiento, y la publicación de la marca comercial no tiene ni el permiso ni el respaldo del propietario de la misma.

Todas las marcas comerciales dentro de este libro se usan solo para fines de aclaración y pertenecen a sus propietarios, quienes no están relacionados con este documento.

Índice

Introducción   vii

1. La atención plena en conflictos   1
2. La comunicación y la atención plena   27
3. Los niveles de la comunicación   43
4. Prepararse para la conversación   63
5. Aprende a escuchar   85
6. Aprende a hablar   111
7. El enfoque PAUSI   133
    Conclusión   155
    Bibliografía   161

Introducción

La atención plena es la capacidad humana básica de estar plenamente presente, ser consciente de dónde estamos y de lo que hacemos, y no reaccionar de forma exagerada o abrumada por lo que ocurre a nuestro alrededor.

Aunque la atención plena es algo que todos poseemos de forma natural, está más disponible cuando la practicamos a diario.

Durante todo el día podemos estar "ahí" pero realmente no estar; existir en modo automático, dejando que todo pase.

Cada vez que tomamos conciencia de lo que experimentamos directamente a través de nuestros sentidos, o de nuestro estado mental a través de nuestros pensamientos y emociones, estamos siendo conscientes.

Introducción

Y cada vez hay más investigaciones que demuestran que cuando entrenas tu cerebro para ser consciente, estás remodelando la estructura física de tu cerebro.

El objetivo de la atención plena es despertar el funcionamiento interno de nuestros procesos mentales, emocionales y físicos.

¿Qué es la meditación? La meditación es explorar. No es un destino fijo. La cabeza no queda libre de pensamientos, sin ninguna distracción. Es un lugar especial donde cada momento es trascendental. Cuando meditamos, nos adentramos en el funcionamiento de nuestra mente: nuestras sensaciones (el aire que sopla sobre nuestra piel o un olor fuerte que entra en la habitación), nuestras emociones (amamos esto, odiamos aquello, ansiamos esto, aborrecemos aquello) y pensamientos (¿no sería raro ver a un elefante tocando la trompeta?).

La meditación de atención plena nos pide que suspendamos el juicio y demos rienda suelta a nuestra curiosidad natural sobre el funcionamiento de la mente, acercándonos a nuestra experiencia con calidez y amabilidad, hacia nosotros mismos y hacia los demás.

La atención plena nos ayuda a poner un poco de espacio entre nosotros y nuestras reacciones, rompiendo nuestras respuestas condicionadas. He aquí cómo sintonizar con la atención plena a lo largo del día:

- Reserva algo de tiempo. No necesitas un cojín o un banco de meditación, ni ningún tipo de equipo especial para acceder a tus habilidades de atención plena, pero sí necesitas reservar un tiempo y un espacio.
- Observa el momento presente tal y como es. El objetivo de la atención plena no es aquietar la mente ni intentar alcanzar un estado de calma eterna. El objetivo es sencillo: se trata de prestar atención al momento presente, sin juzgarlo. Es más fácil decirlo que hacerlo, lo sabemos.
- Deja que tus juicios pasen. Cuando nos damos cuenta de que surgen juicios durante nuestra práctica, podemos tomar nota mentalmente de ellos y dejarlos pasar.
- Vuelve a observar el momento presente tal y como es. Nuestra mente suele dejarse llevar por los pensamientos. Por eso la atención plena es la práctica de volver, una y otra vez, al momento presente.
- Sé amable con tu mente errante. No te juzgues por los pensamientos que surjan, simplemente practica el reconocimiento de cuando tu mente se ha desviado y tráela de vuelta con suavidad.

Esa es la práctica. A menudo se dice que es muy simple, pero no es necesariamente fácil.

Introducción

El trabajo consiste en seguir haciéndolo. Los resultados se irán acumulando.

En este libro aprenderás y te informarás sobre cómo la atención plena puede ser útil a la hora de resolver conflictos.

1

La atención plena en conflictos

ESTE CAPÍTULO se centra en lo que significa adoptar un enfoque consciente para manejar las conversaciones y los conflictos difíciles. Estas conversaciones difíciles son las que te asustan, las que te desafían, las que intentas evitar, las que prácticas en tu mente de antemano y las que repites una y otra vez después en tu cabeza. Aprender técnicas de atención plena ("mindfulness") hará que esas conversaciones sean más productivas y constructivas y te harán sentirte satisfecho y contento en lugar de agotado y decepcionado.

Empecemos a transformar la forma en que abordas las conversaciones difíciles, ya sea con tus compañeros de trabajo, tu familia, tus amigos o tu pareja.

. . .

Qué significa ser consciente en situaciones difíciles: La atención plena es una forma de vivir en el momento presente que se basa en las antiguas enseñanzas budistas que Jon Kabat-Zinn ayudó a introducir en la cultura occidental en la década de 1990. Hoy en día, millones de personas utilizan la atención plena como forma de vida para reducir el estrés, mejorar la salud y aumentar la felicidad. La meditación es una de las formas en que se puede practicar la atención plena: el acto de sentarse en silencio y despejar los pensamientos puede allanar el camino para vivir en el presente y abrir el corazón y la mente a lo que nos rodea, en lugar de rumiar, preocuparse y temer lo que podría o ha sucedido.

También puedes utilizar la atención plena para mejorar tu forma de gestionar los conflictos. Un estado mental consciente te ayudará (e indirectamente, a la otra persona) a centrarte en encontrar una forma positiva de avanzar, en lugar de quedarte atascado en todo el ruido que hay en tu cabeza y que te lleva en direcciones poco útiles.

En su libro "Full Catastrophe Living", Kabat-Zinn esboza los principios clave de la atención plena. En cuanto a la gestión de conflictos, estos seis son especialmente relevantes:

- No juzgar: Tú, como todo el mundo, tienes ideas y opiniones sobre todo. Tu mente te proporciona un flujo constante de juicios en blanco y negro, conscientes y subconscientes, durante todo el día: me gusta/no me gusta, sí/no, bueno/malo, etc. Estar atento significa ser consciente de este proceso y, en su lugar, retener conscientemente los juicios para permitir que lo que se está desarrollando tome forma. En los conflictos, esto te ayuda a tener la mente abierta a la otra persona, a su perspectiva y a las soluciones que aún no has considerado.
- Aceptación, dejar ir y no esforzarse: Estas tres actitudes se centran en aceptar la situación tal y como es actualmente, sin forzarla a ser lo que no es aferrarse emocionalmente, agarrando, empujando o tirando. Esto no significa que no puedas querer que algo cambie. Lo que significa es que, al aceptar primero lo que es ahora y no querer hacer inmediatamente algo al respecto, se libera mucho espacio en la cabeza para permitir que surjan nuevas formas de avanzar.
- Mente de principiante: El mindfulness te anima a abordar las situaciones y las personas implicadas con ojos nuevos. Tu mente proyecta constantemente un montón de deseos, opiniones y heridas pasadas -algunas

de las cuales pueden tener décadas de antigüedad- sobre las situaciones actuales. Toda esta historia hace que sea difícil ver lo que realmente está sucediendo en este momento y reconocer el potencial que puede estar surgiendo. La mente de principiante también beneficia a la otra parte, porque las personas se sienten vistas y valoradas si te comprometes con cómo son y lo que hacen ahora, en lugar de cómo eran o llegaron a ser en tu mente. Este cambio de mentalidad aporta positividad y conexión a los desacuerdos, lo que ayuda a encontrar un resultado positivo.

- Confianza: Llevar la confianza a tus interacciones es una herramienta poderosa. La confianza empieza por confiar en ti mismo, sabiendo que tu perspectiva y tu experiencia son adecuadas para ti y que puedes hacer frente a todo lo que se te presente. Cuanto más confíes en ti mismo, más confianza podrás aportar a otras personas, a tus relaciones y al manejo de situaciones difíciles, porque sabes que tienes todo lo necesario para lograr un resultado positivo.
- Paciencia: En general, las personas son muy impacientes por llegar a lo que creen que es lo siguiente importante. Pero esta actitud lleva a no estar en el momento presente. Si te

apresuras todo el tiempo, no verás las sincronicidades y oportunidades que se presentan.

- Gratitud y generosidad: Estas mentalidades aportan desenfado, aprecio y conexión a tus situaciones difíciles. Al no dar todo por sentado y al dar a otras personas oportunidades de éxito, aumentas la interconexión entre tú y la otra parte. La gratitud y la generosidad fomentan de forma natural una atmósfera positiva, de la que puede beneficiarse cualquier conversación difícil.

Los términos utilizados en este libro se han elegido conscientemente. El término "otra persona" se utiliza para describir lo que, de otro modo, podría llamar su "oponente". La palabra "oponente" suena demasiado dura y da a entender que estáis en extremos opuestos de una situación. Para empezar, esto no suele ser cierto, pero también crea una mentalidad de ganar-perder que no favorece un enfoque consciente para manejar situaciones difíciles.

El mindfulness reconoce que estas mentalidades no son algo que se pueda conseguir completamente de la noche a la mañana, pero no pasa nada (¡ahí están el no juicio y la paciencia!).

. . .

Observar y reconocer tu comportamiento es el primer paso para cambiarlo, así que ése es el mejor punto de partida. Busca formas rápidas y cotidianas de practicar la atención plena en tu vida. Por ejemplo, la próxima vez que te des cuenta de que estás juzgando el carro de alguien en el supermercado, detente y nota la sensación, y luego deja que el pensamiento se vaya. Si te encuentras enfadado por la lentitud de la cola de la caja en la tienda, respira profundamente unas cuantas veces e intenta observar algunas cosas interesantes a tu alrededor en ese momento en lugar de dejar que el estrés te afecte.

Cuando llegues al principio de la cola, intenta mostrar una gratitud genuina al empleado de la caja por su duro trabajo. Pequeñas y sencillas prácticas como ésta te ayudarán a convertir la atención plena en un hábito, lo que a su vez facilita el acceso a las conversaciones difíciles.

Las oportunidades positivas que existen en las conversaciones difíciles: Cuando entras en las conversaciones difíciles de forma consciente, empiezas a ver todo lo bueno que puede salir de ellas. Sin embargo, cuando piensas en el conflicto de una manera no consciente, puedes encontrarte enfocando sólo en las posibilidades y aspectos negativos de tales conversaciones, tales como:

- Miedo: El miedo es una razón común por la que la gente teme los conflictos. Puedes temer las emociones que puedan surgir, temer ser vulnerable, temer perder a la gente cuando expresas lo que realmente piensas, o temer no ser querido.
- Minimización: A menudo, te encontrarás racionalizando por qué una conversación difícil no es necesaria: "No creo que lo haya hecho con esta intención" o "En realidad es algo muy pequeño; no quiero exagerar". Este tipo de razonamiento lleva a decir cosas como "puedo lidiar con esto", "lo olvidaré" y "tendré que aguantarme", que son cosas poco saludables cuando estás herido, enfadado, asustado o triste.
- Obstinación: Si te anticipas a un conflicto de forma no consciente, podrías empezar por determinar a qué te negarás a renunciar. Podrías planificar de antemano las líneas que no cruzarás antes de escuchar una palabra de la otra persona.
- Evitar: Al evitar una conversación difícil o esa charla para poner fin a un conflicto, te estás privando de importantes oportunidades a ti mismo y a la otra persona. La mayoría de los problemas no desaparecen por sí solos, y no enfrentarse a ellos no te hace ningún favor ni a ti ni a la otra persona.

Afortunadamente, estas posibilidades negativas se desvanecen cuando te centras en las prácticas de atención plena. Verás cómo el miedo, la minimización y la obstinación no contribuyen a un resultado exitoso. En su lugar, puedes abrir los ojos y la mente a todos los resultados positivos que podrías disfrutar, como compartir tus pensamientos y sentimientos, conectar con la otra persona de una forma nueva y diferente, y crecer como persona.

Veamos con más detalle algunos de estos resultados positivos de la resolución consciente de conflictos.

Todos pueden compartir sus pensamientos y sentimientos:

La oportunidad más obvia de entablar una conversación difícil es que todos los participantes podrán compartir su perspectiva de las cosas y que, juntos, podrán intentar encontrar una forma de avanzar que satisfaga a todos. Esto puede ser realmente valioso a largo plazo.

Es muy importante expresar tus pensamientos y sentimientos, incluso cuando no estás acostumbrado a hacerlo o sientes que es más fácil y menos estresante ignorarlos.

. . .

Eres una parte crucial de la relación, y sin tu aportación la relación no será lo que podría ser.

Cuando decides no compartir tus sentimientos sobre la situación, en un conflicto individual esto significa que el 50 por ciento de las opiniones y sentimientos no se escuchan. Estas opiniones y sentimientos no expresados no carecen de importancia y, la mayoría de las veces, no "desaparecen". Son tan relevantes y válidos como las opiniones de la otra persona implicada. Aguantarse o ignorar los sentimientos es lo menos respetuoso que se puede hacer a uno mismo y, en última instancia, también a la otra persona, porque no decir lo que se piensa conducirá sin duda a problemas en el futuro. Quizá hayas oído el dicho: "Si no lo dices, se te nota"; esta opción tiene invariablemente un resultado peor. Mantener una conversación sincera conducirá a un futuro más fácil y brillante para todos los implicados, incluyendo una posible mejora de la situación para ti y/o para las otras personas implicadas.

Profundizarás en tu relación con la otra persona: Una oportunidad muy importante en las conversaciones difíciles es la de profundizar en la relación que tienes con la otra persona o personas implicadas.

. . .

El simple hecho de tener una conversación difícil requiere valentía, y esa valentía por sí sola reforzará la relación porque demuestra a la otra persona que es una parte importante y valorada de tu vida. El hecho de que ambos podáis compartir vuestra verdad con integridad y honestidad se sumará a esa conexión.

Decir a los demás lo que se quiere, se cree y se siente es algo muy abierto, y puede hacerse sin dañar la relación que se tiene con el otro.

Si se abordan con conocimiento de causa, las conversaciones difíciles pueden no conducir a esa ruptura repentina, a la denuncia de una amistad o a ese despido. Al contrario, pueden fortalecer tus relaciones gracias a los principios de no juzgar, aceptación, mente de principiante, confianza, paciencia y gratitud y generosidad.

Las dos partes pueden experimentar un crecimiento personal: Tienes la oportunidad de crecer como persona gracias a tu iniciativa de iniciar una conversación difícil de forma consciente. A veces, tus propios defectos y hábitos son los más difíciles de ver, pero las prácticas de atención plena pueden ayudarte a observarlos y a cambiarlos de forma suave.

. . .

Por ejemplo, tu crecimiento puede consistir en reunir el valor necesario para mantener una conversación difícil, estar abierto a varios resultados diferentes, aprender a entender por qué respondes de la manera en que lo haces o conocer tus motivos o creencias más profundas.

Pueden conocerse mutuamente: Otra poderosa oportunidad que se encuentra en el conflicto es que permites que la gente te conozca mejor. Cuando utilices el enfoque de hablar con atención que aprenderás en este libro, revelarás opiniones y perspectivas honestas. En tu vida personal, expresar cómo te sientes realmente sobre algo insensible que dijo un miembro de la familia puede ayudarte a ti y a la otra parte a aprender más sobre el otro. Si evitas esa conversación, el nivel de apertura y honestidad en tu relación puede bajar, lo que, al cabo de un tiempo, puede hacer que tu conexión se sienta superficial.

A su vez, al escuchar atentamente las opiniones y perspectivas de la otra persona, llegarás a conocerla mejor. Esto conduce a una mejor comprensión en ambos sentidos y, probablemente, a un mayor aprecio por el otro y a unas interacciones más fáciles en el futuro.

. . .

Puedes ayudar a los demás: Al mantener conversaciones difíciles, puedes ayudar a otras personas de muchas maneras diferentes. Esto puede ser un resultado directo o indirecto de la conversación en la que participas. Por ejemplo, la conversación podría:

- Permitir que la otra persona diga su verdad.
- Ayudar a la otra persona a sentirse apreciada, valorada y vista o escuchada.
- Inspirar a la otra persona a cambiar su comportamiento ineficaz o perjudicial.
- Motivar a la otra persona a tener una conversación similar con un ser querido, un amigo o un colega.

Por ejemplo, si el comportamiento ineficaz de un colega en el trabajo te afecta a ti, encontrar una forma consciente de hablar de ello con él puede ayudarle a ajustar su comportamiento.

Esto influirá en la forma en que ambos interactúan, e incluso puede mejorar su carrera.

Es posible que encuentres una forma de avanzar que se adapte a las necesidades de todos:

. . .

Al abordar el desacuerdo desde una perspectiva consciente, manteniendo la conversación positiva y centrándose en lo que está sucediendo en el momento presente, a menudo surgen soluciones que se ajustan a las necesidades de todos. En muchos casos, los desacuerdos son el resultado de lo que las personas perciben -desde su perspectiva personal- como la única solución posible que les conviene. Sin embargo, cuando se está abierto a escuchar las necesidades reales de todos, es muy posible que haya varios resultados viables en los que todos "ganen". Por ejemplo, es el cumpleaños de tu hijo y quiere invitar a todos sus amigos del colegio a celebrarlo. Tú, sin embargo, quieres mantener tu casa limpia, ya que la familia ampliada vendrá dentro de unos días a celebrarlo.

Para que ambos "ganen", pueden organizar una fiesta infantil en el parque o en un museo o gimnasio local.

Entrar en los conflictos con una intención reflexiva: Para apoyar tu actitud consciente, es muy útil establecer una intención constructiva para tu conversación. Una intención es una declaración positiva de lo que quieres experimentar o conseguir. En la resolución de conflictos con atención plena, tu intención guía tu mentalidad, tus pensamientos y tu contribución real y, por tanto, influye en el curso de la conversación.

. . .

Cómo definir las intenciones para los conflictos: Una pauta general para establecer una intención constructiva es basarla en la curiosidad o en el objetivo del éxito colectivo.

Algunos ejemplos de intenciones positivas y constructivas para la resolución de conflictos con atención son:

- Quiero comprender mejor la perspectiva de la otra persona.
- Quiero compartir mi visión sobre este tema.
- Quiero encontrar un camino hacia la aceptación o el acuerdo mutuo.

Dedicar un momento a definir tu intención merece la pena, ya que te situará de forma natural en un estado mental consciente mientras piensas en la conversación.

Las intenciones conscientes también eliminan el enfoque de los resultados en blanco o negro y te ayudan a encontrar un punto de partida constructivo, positivo y de mente abierta.

El poder de las intenciones:

. . .

Tu intención tiene un gran efecto sobre lo que ocurrirá en la conversación, porque el propósito que hay detrás de las cosas que haces y dices tiene un impacto tanto en la forma en que envías tu mensaje como en la forma en que el mensaje es recibido. De hecho, afecta a las palabras que utilizas y a cómo y por qué las utilizas.

Puede que pienses que tu intención es tu pequeño secreto, pero en realidad no es así. Cuando hablas, envías lo que se denomina "señales de intención", es decir, señales sutiles de tu cara, tu voz y tu cuerpo que permiten al público conocer el verdadero significado de tus palabras.

Si las señales están en consonancia con las palabras que dices, se produce una congruencia que indica a la otra persona que puedes confiar en ti. Sin embargo, si no están alineadas, provocan confusión y distraen de tu mensaje, haciéndolo ineficaz. Por lo tanto, si "dices todo lo correcto", pero tu intención es ganar haciendo que la otra persona admita que estaba equivocada, enviarás señales confusas y, por lo tanto, serás ineficaz, dejando a la otra persona confundida e insegura sobre tu fiabilidad.

La voz es el indicador más preciso de nuestras emociones:

. . .

En un estudio realizado en 2017 en la Universidad de Yale, los investigadores compararon lo bien que captamos las emociones a través de tres canales de comunicación diferentes: la voz, la cara y las señales no verbales.

Llegaron a la conclusión, tras investigar todos los distintos escenarios (incluido aquel en el que se disponía de los tres canales), de que las personas reconocen con mayor precisión las emociones en las interacciones en las que solo escuchamos la voz de la otra persona.

Responsabilidad consciente: Asumir la propiedad de la conversación. Lo ideal es que ambos interlocutores opten por un enfoque consciente al manejar su conversación, lo que significa que están de acuerdo con el paradigma expuesto en este capítulo. Estas "reglas básicas" aumentan las posibilidades de éxito, y si ambos participantes las respetan, puede estar seguro de que se alcanzará un resultado positivo compartido.

Cuando la otra parte también es consciente: Ambos tienen la "propiedad" de la conversación, lo que significa que son socios en igualdad de condiciones en la conversación, y ambos deben intentar asegurarse de que la conversación se desarrolle de forma constructiva.

. . .

Si la otra parte se inclina de forma natural hacia las prácticas mindful, ¡es maravilloso! Es posible que podáis aprender nuevas técnicas el uno del otro.

Cuando la otra parte no coopera: Una nota importante: no puedes controlar lo que hace la otra persona. Así que esperar a que hagan lo correcto no es prudente. Sólo tú puedes asegurarte de que la mentalidad, la intención y la actitud correctas estén presentes, así que hazte cargo y da un buen ejemplo.

Si la otra persona no coopera, aún puedes influir positivamente en los resultados de la conversación si te mantienes en tu intención consciente, asumiendo la responsabilidad e influyendo en el curso de la conversación con tu actitud consciente.

Incluso si una sola persona cambia su comportamiento, la situación cambia.

Es importante darse cuenta de que no puedes cambiar a la otra persona; sólo puedes cambiar tu forma de responder a su comportamiento. Por otro lado, si cambias tu respuesta, tu comportamiento podría cambiar también.

. . .

Cuando, por ejemplo, tu pareja te acusa de no fregar nunca los platos, puedes elegir una respuesta consciente hablando de tu indignación, en lugar de reaccionar directamente desde ella: "Cuando dices algo así, me siento atacado y tratado injustamente". Y tal vez puedas añadir: "Pero he oído que te gustaría que lavara los platos con regularidad, ¿es así?". Esto podría invitar a tu pareja a una charla mucho más constructiva en la que habléis de las necesidades de ambos a la hora de compartir las responsabilidades domésticas.

Definir el éxito en la resolución de conflictos con atención plena: Un área clave en la que la resolución de conflictos con atención plena es diferente del modelo tradicional es el resultado. Cuando se les pregunta qué ven como éxito en una conversación difícil, la gente suele decir cosas como "que la otra persona admita que tengo razón" o "salirme con la mía". Pero, irónicamente, no es así como terminan la mayoría de las conversaciones difíciles.

La mayoría de las veces, hay demasiados antecedentes o demasiado futuro en juego como para que uno de los participantes diga de repente que estaba equivocado todo el tiempo y que ahora quiere hacer las cosas exactamente como tú has propuesto.

. . .

De hecho, cuando ese raro suceso ocurre, en algún nivel probablemente sientas que esa declaración no será el final del problema, porque ha ocurrido con demasiada facilidad. Tal vez resuelva el problema por hoy, sí.

Pero lo más probable es que llegue un momento en el que tengas que volver a tratar el tema, porque ese tipo de resolución unilateral suele ser una señal de agresividad pasiva y casi nunca será el verdadero final.

Por eso, al abordar conscientemente las conversaciones difíciles, que te digan que tienes razón no equivale al éxito.

Dejar de lado el ganar o el perder: Vivimos en una cultura en la que ganar o perder es una forma relativamente normal de ver nuestras interacciones con otras personas. Si tú ganas, yo debo perder, y viceversa.

Si tú consigues ese trabajo que ambos perseguimos, yo salgo perdiendo. Si tu empresa consigue ese cliente, la mía no. Y la persona que más gana es la más exitosa.

· · ·

Esta mentalidad de ganar o perder puede hacerte avanzar cuando intentas conseguir el último asiento en el tren, esa gran plaza de alquiler controlado o la presidencia, pero cuando te encuentras en situaciones en las que hay más en juego que una sola cosa que "ganar" (¡que es la mayoría de las veces!), puede ser exactamente lo que te impide encontrar un camino positivo hacia adelante.

Atención plena práctica: Abordar la conversación difícil de forma consciente es lo más amable, puede estar más alineado con tus valores e incluso puede complementar el tipo de persona que quieres ser. Pero la verdad es que la resolución de conflictos con atención plena es también la forma más rápida y eficaz de descubrir cómo avanzar respetando las necesidades de todos.

Ganar o perder lleva a una mentalidad de separación y a querer vencer a la otra persona. Esto hace cualquier cosa menos apoyar un debate constructivo. En la mayoría de las conversaciones difíciles, tú y la otra persona pueden estar en desacuerdo sobre la mejor manera de avanzar o sobre por qué las cosas han llegado a ser como son ahora, pero ambos son seres humanos amables que se preocupan por el tema de la conversación y que quieren encontrar la manera más positiva de avanzar. La configuración de ganar o perder está intrínsecamente desincronizada con esas realidades conscientes.

Ambos pueden tener razón al mismo tiempo: Querer "vencer" a la otra persona para poder ganar no es una forma consciente ni eficaz de afrontar una conversación difícil. Tener una intención así hará que te centres en encontrar una manera de socavar lo que la otra persona está diciendo. En el mejor de los casos, eso puede llevarte a ganar esta batalla en particular, pero en la mayoría de los casos sólo te llevará a una lucha interminable y no pondrá fin a la guerra. E incluso si "ganas", ¿cuál será el daño colateral en la relación entre los dos?

Si eres capaz de aceptar desde el principio que ambos tienen probablemente un buen argumento para explicar por qué se han comportado como lo han hecho o creen lo que creen, y que ambos pueden "ganar", puedes dejar de lado el ganar o el perder y comenzar la búsqueda de lo que realmente les ayudará a avanzar. El cambio fundamental que hay que hacer en tu mente es aceptar que no es necesario encontrar quién tiene razón y quién no, porque ambos pueden tener razón al mismo tiempo.

Si esto es cierto, ¿qué aspecto tiene el éxito en la resolución de conflictos con atención plena?

Cómo es el éxito de la atención plena: Cuando eliges un enfoque mindful, el éxito puede tener muchas caras dependiendo de las distintas situaciones en las que te encuentres, como las siguientes:

- En una conversación en la que tienes que dar una mala noticia -por ejemplo, que vas a romper con tu novio-, el resultado será estupendo cuando seas capaz de transmitir el mensaje con suavidad y amabilidad, manejar las emociones (tal vez la ira, tal vez la tristeza) que la otra persona está proyectando, explicar las razones, y mantenerte firme pero compasivo.
- En un desacuerdo sobre la mejor manera de avanzar en una situación difícil, el éxito será cuando encuentres una solución alternativa con la que todos estén de acuerdo, o cuando al menos discutas las necesidades subyacentes y encuentres una manera de incorporarlas en un enfoque con el que ambos estén de acuerdo.
- En un conflicto de larga duración, el mejor resultado puede ser que ambos tengan la oportunidad de compartir su visión de la situación y llegar a un lugar de respeto mutuo, aunque sigan sin estar de acuerdo en este asunto.

Lo mejor es dejar que las cosas que suceden en la conversación te lleven al mejor resultado posible y no aferrarte a los resultados que has decidido de antemano. "Déjalo ir" son palabras muy valiosas para tener en cuenta en un enfoque consciente. Dejar de lado las "soluciones" preconcebidas te ayudará a ser flexible y a responder a lo que realmente se presenta durante la conversación y a trabajar con ello. Por eso es tan importante estar presente en el momento.

Todavía puedes conseguir lo que quieres: Cambiar la forma de ver el éxito en las conversaciones difíciles no significa que no puedas seguir consiguiendo lo que quieres, pero ya no definirás el éxito sólo por eso. A veces, asumir la situación de una manera consciente puede llevar a que ambos obtengan lo que querían al principio, y a veces puede llevar a una situación en la que no obtienes lo que pensabas que querías antes de tener la conversación, pero obtienes algo incluso mejor.

El éxito que probablemente consigas siendo consciente de una situación difícil es llegar a un acuerdo mutuo sobre la mejor manera de avanzar. Si dejas de lado el resultado específico que crees que quieres y crees que la situación se manejará de forma justa y equitativa, estás aceptando y confiando (dos de los principios clave de mindfulness que se han tratado anteriormente en este capítulo).

Cuando te permites asimilar realmente el punto de vista de la otra persona sin juzgarla y dices tu verdad de forma sincera y abierta, es posible que se produzcan resultados que ninguno de los participantes podría haber imaginado.

Cuando el resultado no es tu decisión: A veces puedes tener una conversación difícil sobre un tema que no puedes cambiar. Por ejemplo, digamos que tu jefe te ha asignado una tarea específica que realmente no quieres. En ese tipo de situaciones, es importante darse cuenta de que, aunque no puedas cambiar la forma en que avanzan las cosas, sí puedes hacerlo:

- Apropiarse de la conversación.
- Decidir cómo va a manejar la noticia.
- Controlar cómo te sientes con respecto a ti mismo después de que la conversación haya terminado.
- Influir en el modo en que tu relación con la otra persona se ve afectada por la conversación.

Adoptar actitudes conscientes como la aceptación y el abandono te ayudará a manejar tus emociones en una conversación cuya conclusión está fuera de tu control.

. . .

Estar plenamente presente en la experiencia y confiar en ti mismo te ayudará a mantenerte conectado con lo que necesitas para aceptar lo que se te viene encima.

En la situación en la que se te asigna esa tarea que no quieres hacer, puede que quieras mantener la mente abierta y pedir una explicación de por qué se te ha asignado esa tarea. O puedes expresar con calma la irritación o el dolor que experimentas en el momento presente. No es probable que estas técnicas cambien el resultado, pero sí afectarán a cómo te sientes después, lo que llevará a una conclusión más satisfactoria de la conversación.

Incluso en situaciones extremadamente desafiantes, como una ruptura o un despido, sigues siendo el copropietario del resultado de la conversación. La forma en que elijas interactuar tiene un gran impacto en la conversación, en la otra persona y en ti y en cómo te sentirás sobre ti mismo cuando la conversación termine.

Lo mismo ocurre con situaciones como el gran lugar de alquiler controlado y la presidencia, donde un tercero toma la decisión. Aunque la decisión sobre cómo avanzar no está en tus manos, puedes tener un impacto personal en la evolución de la conversación.

. . .

Recuerda siempre: tienes la responsabilidad de influir en la conversación para mejor aportando una actitud consciente, y si lo haces, los resultados lo reflejarán. Si una persona cambia, la situación cambia.

Puede que el enfoque de atención plena no siempre conduzca a un éxito compartido, pero te llevará a salir con tu integridad y dignidad intactas. En las situaciones en las que el resultado no depende de ti, puede que tengas que aceptar que el "éxito" es que has compartido tu perspectiva sobre el asunto y has mantenido la conversación fuera del modo de pelea o acusación.

2

La comunicación y la atención plena

Los conflictos y las conversaciones difíciles pueden crear fácilmente la creencia de que básicamente eres tú contra el resto del mundo. Es posible que te digas a ti mismo que los demás van a por ti y que quieren que fracases o salgas perdiendo. Pero si gestionas los conflictos de forma consciente, encontrarás y apreciarás las conexiones que todas las personas comparten. La verdad es que todas las personas quieren ser felices, sentirse seguras y evitar el sufrimiento. Hasta cierto punto, somos perfectamente conscientes de esta necesidad humana compartida. Pero es una premisa tan obvia que también se olvida fácilmente. En este capítulo, aprenderás a realizar este importante cambio de perspectiva para ver a la otra parte como un compañero humano con necesidades básicas similares, lo que te ayudará a conectar con la gente de una forma probablemente diferente a la que estás acostumbrado ahora.

La interconexión -la capacidad de reconocer tus propias necesidades y las de la otra persona simultáneamente- es la base sobre la que se asienta la resolución consciente de conflictos. Verás rápidamente cómo la interconexión puede ayudarte a llegar a conclusiones que satisfagan las necesidades de todos.

Cómo suele abordar la gente la comunicación: En primer lugar, exploremos los enfoques más comunes que la gente adopta cuando interactúa con los demás y por qué ninguno de ellos apoya una forma consciente de trabajar en las conversaciones difíciles.

El enfoque objetivo: Hechos, hechos, hechos. Probablemente te hayas dado cuenta de que la mayoría de las personas se centran en conocer los hechos. Se centran en el lado objetivo de las cosas y tratan de obtener una visión clara y completa de lo que está sucediendo. En un desacuerdo, querrán saber exactamente cómo han sucedido las cosas y cuál ha sido el fundamento de las decisiones. Este método puede ayudarles a entender la situación.

Cuando toda la información esté sobre la mesa, entonces tendrán una mirada objetiva de las cosas y tratarán de resolver el conflicto encontrando primero lo que es más verdadero para la mayoría de la gente.

El contenido parece indiscutible, así que cuando hay desacuerdo, aparentemente falta información. Piensan que la recopilación de más información acabará conduciendo a una información completa y clara, que a su vez conducirá a soluciones claras.

El enfoque "Mi historia": Contar tu versión. Algunas personas que se centran en los hechos tienen como objetivo principal hacer llegar a las demás personas implicadas su propia visión de lo que ha ocurrido o está ocurriendo. Explican su propia perspectiva, transmitiendo lo que saben, y pueden intentar persuadir a la otra persona para que vea las cosas a su manera.

El enfoque de "su historia": Averiguar lo que la otra persona sabe. Otros están muy interesados en averiguar cómo ve las cosas la otra persona. Hacen un montón de preguntas para aclarar la perspectiva de la otra persona.

¿Qué información tienen? ¿Qué opiniones se han formado? ¿Qué saben?

Creen que reunir esta información conduce a la transparencia y a la igualdad de condiciones, lo cual es estupendo.

En situaciones en las que hay un desacuerdo directo, eso puede ser suficiente para resolverlo tomando una decisión racional.

El problema de estos enfoques: No profundizan lo suficiente para llegar a una conclusión. Seguramente has estado en situaciones en las que todos los hechos estaban sobre la mesa y cada uno había contado su "versión", pero no había una solución clara. La cuestión es que, en la mayoría de las conversaciones difíciles, ni el verdadero problema ni la solución radica en los hechos o en la historia de cada persona. Centrarse en el contenido puede llevar a una "solución" objetiva, pero en una situación difícil, eso probablemente no satisfaga a todos los implicados. En esas situaciones, el problema suele existir porque las personas no interpretan los hechos de la misma manera (el dilema él dijo-ella dijo). En otros casos, las emociones o las experiencias hacen imposible "resolver" directamente el problema de forma racional.

El enfoque consciente: Sentimientos y conexión. Ninguno de estos enfoques suele tener éxito. Los motivos y las creencias subyacentes de ambos participantes quedan al margen, lo que hace muy improbable alcanzar una solución sostenible. Por muy difícil que sea el conflicto, es importante estar abierto a escuchar cómo ve las cosas la otra persona.

Para encontrar un camino que funcione para todos, hay que invitar a la discusión a la información subjetiva sobre los sentimientos, las emociones y las creencias, es decir, al "mundo interior".

Para comprender realmente lo que ocurre, tanto para ti como para la otra persona, es importante aprender a explorar el mundo interior de todas las personas implicadas. Para poder manejar con atención las situaciones difíciles, siempre es necesario ir más allá del contenido de la discusión y conectar como seres humanos.

Si tu tendencia natural es centrarte en el contenido, este capítulo te invita a dar un salto bastante grande, que puede requerir práctica y tiempo. Sé compasivo contigo mismo y empieza por explorar tus propios motivos para presentar e interpretar los hechos.

Sumergiendo un dedo en la conexión: Mi mundo frente a tu mundo: Cuando empiezas a explorar el mundo interior, más allá de los hechos y las historias, hay diferentes maneras de hacerlo. Una de ellas es estar profundamente conectado con tu propio mundo interior; la otra es centrarse en lo que quiere la otra persona.

. . .

Mi mundo: Las personas que se centran en su propio mundo:

- Están principalmente en sintonía con lo que sienten sobre las cosas.
- Confían y valoran su propia opinión.
- Pueden articular lo que necesitan y quieren en situaciones difíciles.

Cuando los demás les ofrecen su perspectiva, se centran específicamente en lo que difiere o complementa su propio punto de vista, y centran su respuesta en cómo les hace sentir o en lo que quieren a continuación. Se podría decir que se centran en conseguir lo que quieren.

Además, si creen que los demás son más o menos iguales a ellos, esperan que la otra persona también se ocupe de sí misma, creando así una igualdad de condiciones en la conversación.

Su mundo: Por otro lado, algunas personas se centran principalmente en lo que los demás necesitan para sentirse bien. Suelen estar muy bien sintonizados con la energía de los demás, como los empáticos y las personas muy sensibles. Cuando estas personas están en una conversación con otra, suelen:

- Escuchar profundamente lo que la otra persona quiere, a menudo escuchando más de lo que realmente se dice.
- Hacen todo lo posible para que la otra persona se vaya contenta.
- Tratar de evitar los conflictos y las conversaciones difíciles en la medida de lo posible.
- Quieren resolver los conflictos lo antes posible, lo que a menudo les lleva a buscar soluciones rápidas sin comprobar realmente en su interior si eso les parece bien.

Ninguno de estos enfoques conduce a la comunicación consciente: Después de leer sobre estos diferentes enfoques de la comunicación, probablemente hayas reconocido tu propio estilo preferido. Y tal vez te estés juzgando a ti mismo acerca de dónde te encuentras en este momento. Esto es absolutamente innecesario, porque:

- El mindfulness fomenta el no juzgamiento.
- Ninguna de estas mentalidades del mundo interior te conducirá a la resolución de conflictos de forma consciente.

Tanto si te inclinas más por "mi mundo" como por "tu mundo", la otra perspectiva, igualmente fundamental, se queda fuera.

- Las personas que están bien sintonizadas con su propio mundo ignoran la necesidad de la otra persona de ser escuchada y reconocida por ella. Su afán por ocuparse de sus propios sentimientos y motivos hace que los de la otra persona se pasen por alto con facilidad. Eso creará una atmósfera de desconexión, haciendo más difícil encontrar un terreno común y una forma de avanzar que sea aceptable para ambos.
- Las personas que se centran primero en los demás dejan de lado su propia posición en el desacuerdo. Su deseo de resolver el conflicto rápidamente y de hacer feliz a la otra persona les lleva a no ser totalmente abiertos sobre lo que necesitan o quieren de la discusión. Esto conducirá a soluciones que pueden estar bien temporalmente, especialmente porque se evita el horror del conflicto, pero a largo plazo probablemente no erradicarán sus razones para estar en desacuerdo en primer lugar, ya que su posición no se tuvo realmente en cuenta al llegar a la solución.

Por eso ninguno de estos enfoques tiene éxito en última instancia.

. . .

O bien pierdes la conexión con la otra persona porque estás tan centrado en tu propia postura, lo que hace más difícil o incluso imposible terminar la conversación de una forma que siente bien a ambas partes, o bien pierdes la conexión contigo mismo, ya que estar tan centrado en lo que la otra persona necesita te hace menos consciente de lo que tú necesitas. Es posible que puedas terminar el conflicto, pero ¿en qué condiciones? En lugar de eso, busca el poder de la interconexión para uniros a los dos.

¿Qué es la interconexión?: La primera habilidad crucial que hay que desarrollar para resolver los conflictos y los desacuerdos de forma consciente es unir los enfoques del "yo" y del "tú": aprender a estar conectado contigo mismo y, desde esa conexión contigo, llegar y conectar con la otra persona. Esto se llama "interconexión".

Volvamos a la premisa engañosamente sencilla que se expuso al principio de este capítulo: Todas las personas quieren básicamente lo mismo, es decir, ser felices, sentirse seguras y evitar el sufrimiento. Apreciar plenamente esto hace que surja un sentimiento de compasión hacia todas las personas, lo que significa que eres amable y paciente, libre de juicios y abierto a comprender y empatizar.

. . .

Dirigir la compasión tanto hacia la otra persona como hacia ti mismo -la interconexión- es una forma indispensable de manejar con atención las situaciones difíciles.

Aunque en teoría suena muy bien, esta premisa no siempre es fácil de poner en práctica por varias razones:

- Para las personas que trabajan principalmente desde su conexión con el yo, será un reto ver a la otra persona con ese tipo de compasión.
- Para las personas que trabajan principalmente desde su conexión con otras personas, será un reto apreciar que ellas mismas también merecen esa profunda compasión y comprensión.

Para las personas que se centran principalmente en los hechos y las historias, será un reto tener que aportar contenido subjetivo como elemento esencial para encontrar una salida al conflicto.

Aunque la interconexión no le resulte fácil al principio, merece la pena el esfuerzo. Sigue leyendo para saber cómo poner en práctica esta estrategia.

. . .

Practicar la interconexión: La interconexión es una habilidad que puedes utilizar en cada interacción que tengas con otras personas, preferiblemente antes de que tenga la posibilidad de ser difícil o de convertirse en un conflicto. Siga estos sencillos pasos para empezar a incorporar la interconexión en su vida diaria.

Paso 1: Aceptar que ambas partes pueden tener razón. El primer paso crucial que hay que dar hacia la interconexión es replantearse su percepción general sobre los desacuerdos. La interconexión requiere que se aprecie plenamente que ambas partes pueden tener la misma razón al mismo tiempo. Este principio parte del reconocimiento de que, dado que las personas tienen diferentes perspectivas, motivos y creencias, pueden coexistir diferentes verdades.

Paso 2: Conéctate a ti mismo. El segundo paso en el proceso de interconexión es conectar contigo mismo. Independientemente de tu enfoque actual en ti mismo o en los demás, este segundo paso probablemente será un poco diferente de lo que estás acostumbrado. Conectar contigo mismo de la manera que apoya la interconexión no es lo mismo que conocer tu posición en una conversación difícil y ser fiel a ella, pase lo que pase.

. . .

Conectar contigo mismo en interconexión es ser consciente de tu opinión respecto al tema y a la otra persona en el momento presente. Al abordar una conversación difícil con una actitud consciente, estás abierto al hecho de que lo que es cierto para ti puede evolucionar durante la conversación que estás manteniendo, ya que tienes en cuenta honestamente la contribución de la otra persona.

Las cosas pueden cambiar: Si te niegas a desviarte de lo que piensas antes de iniciar una conversación, estás descuidando lo que ocurre durante la interacción. El enfoque mindful requiere que asimiles lo que la otra persona dice, asimiles lo que tú experimentas y permitas que tu posición evolucione con ello. Estar conectado a ti mismo en este sentido significa ser constantemente consciente de ese cambio de opinión y de cómo te sientes, e incluir todo lo que estás recogiendo en lo que dices a continuación.

Paso 3: Conectar con la otra persona. Ahora que estás conectado contigo mismo, es el momento de abrirte a la persona con la que estás teniendo la conversación. Para algunas personas, esto no es nada difícil. Los empáticos y las personas altamente sensibles, por ejemplo, están acostumbrados a expandir su energía hacia otras personas y a conectar con ellas a nivel energético.

. . .

Conectar con la otra persona te lleva naturalmente a tratar de entender de dónde viene. Esto se hace de la siguiente manera:

- Proporcionando un espacio seguro y abierto para que compartan su perspectiva completa sobre el asunto en cuestión.
- Tratar de captar más de su historia de lo que realmente pone en palabras, prestando atención a su lenguaje corporal y al tono de voz, así como al ambiente general que captas de ellos.

Paso 4: Ponerlo todo junto. Quizá la parte más difícil de la interconexión sea conectar simultáneamente con uno mismo y con la otra persona. Si consigues estar totalmente presente en el momento -sin distraerte con pensamientos sobre el pasado o el futuro- te sorprenderá el tiempo extra que se abre. Puedes utilizar ese tiempo extra para conectar contigo mismo y con la otra persona.

Equilibrar los dos puntos de vista: Con la interconexión, abordarás la posición de la otra persona y la tuya propia como igualmente valiosas. Para algunas personas, esto significa que tendrán que hacer que la posición de la otra persona sea más importante de lo que es ahora. Otros tendrán que hacer que su propia posición sea más importante de lo que es ahora.

Necesitamos ambas perspectivas de la situación para llegar a una solución o un camino que haga justicia a ambas partes. Si valoras una sobre la otra, hay muchas posibilidades de que el final de la conversación sólo sea el comienzo de un nuevo (y persistente) desacuerdo.

Trabajar con tus "alergias": Las personas a las que te sientes "alérgico" son aquellas a las que responden de forma opuesta, a menudo bastante emocional. No es difícil ver lo difícil que será crear una interconexión con ellas: Cuando te encuentras con una "alergia", una respuesta natural es cerrarse y evitarla. Pero la verdad es que, aunque sea difícil de imaginar, estas personas pueden ser tus maestros más influyentes. Precisamente donde te molestan tanto es donde te desafían a expandirte y aprender. Están mostrando una versión exagerada de tu desafío, dejando muy claro lo que podrías desarrollar para equilibrar tu cualidad principal. Así, por ejemplo, tu hermano modesto es desafiado a ser un poco más franco sobre sus talentos.

También, muy a menudo, será al revés: si todavía no estás equilibrado en tu cualidad central, probablemente estés actuando de una manera a la que los demás son absolutamente "alérgicos".

. . .

Dado que para poder resolver tus conflictos de forma consciente es necesario recordar la humanidad de cada persona e interconectar con ella, es útil considerar qué podrías aprender de ese comportamiento odioso al que eres tan "alérgico". Incluso puedes crear un escenario en el que todos salgáis ganando, en el que ambos podáis equilibrar vuestras cualidades principales, lo que facilitaría la interacción para todos los implicados. Este tipo de conexión humana profunda y el potencial de crecimiento mutuo es la razón por la que la interconexión es tan poderosa y eficaz.

3

Los niveles de la comunicación

Este capítulo explorará los diferentes niveles en los que se desarrolla la comunicación, tanto lo que se dice como lo que no se dice. Ser consciente de estos diferentes niveles te hará comprender cómo es posible que, aunque creas que una conversación trata sobre sus planes de cena para la próxima semana, tu pareja esté hablando en realidad de sus sentimientos hacia su madre.

Aprenderás cómo las cosas que compartes o no sobre ti mismo pueden dificultar las conversaciones. Esto te permitirá descubrir un tesoro de información tanto en su interior como en el de la otra persona. Aprenderás a trabajar con estas capas y a llevar parte de la información disponible allí a la conversación real.

. . .

Lo que hay debajo de la superficie: Algunas conversaciones son difíciles desde el punto de vista logístico porque los participantes no están de acuerdo con los hechos o con la mejor solución al problema. Otras conversaciones se vuelven emocionalmente difíciles cuando hay una brecha entre lo que se dice y lo que se piensa o experimenta. Exploremos una situación concreta para hacer esta idea un poco más tangible.

Darío y Karla llevan un par de años juntos. Los sábados por la mañana, hacen un plan de comidas para la semana siguiente y una lista de la compra. Como les gusta invitar a la gente a cenar, también discuten a quién invitarán a cenar la próxima semana. Llevan ya bastante tiempo trabajando en el plan de comidas y en la lista cuando la conversación gira en torno a quién va a venir a cenar.

Darío: "Vamos a invitar a mi madre. Hace mucho tiempo que no la vemos".

Karla: "Mmm, no estoy segura de eso... Estaba pensando que deberíamos invitar a Susan. Ha sido un momento tan horrible para ella desde que Marcos la dejó".

. . .

Darío: "Me parece que estás evitando ver a mi madre. Llevas meses haciéndolo".

Karla: "Es que siento que Susan necesita más nuestro apoyo en este momento".

Darío: "Estás tratando de hacer que esto sea sobre Susan, ¡pero está muy claro que no quieres ver a mi madre!

¿Acaso te gusta ella?"

Karla: "¡Sí me gusta! Aunque la encuentro un poco controladora...".

Darío: "¿Lo ves? Tienes un problema con mi madre".

¿Qué está pasando aquí? Al principio parece que Darío y Karla están hablando de planes para la cena, pero muy pronto la conversación toma un giro doloso cuando la relación de Karla con la madre de Darío se pone bajo la lupa. Esta es una forma habitual de que las conversaciones se salgan de control.

. . .

Lo que se dice, lo que no se dice y las emociones que hay detrás de las palabras están en juego.

Las cuatro capas de la comunicación: Para entender lo que puede estar pasando aquí, echemos un vistazo a los cuatro niveles en los que se desarrolla nuestra comunicación.

- Contenido: El primer y más básico nivel de comunicación es el contenido. El contenido es el tema real de la conversación: los hechos, las cifras y todo lo que se pueda demostrar. Aquí es donde se discute la lista de la compra y el plan de comidas para la semana.

Las preguntas de este nivel suelen ser preguntas sencillas que comienzan con las palabras "quién", "qué", "cómo" o "cuándo": "¿Qué comeremos el martes? ¿Quién vendrá a cenar el fin de semana? ¿Cuándo iremos a la tienda?".

A este nivel, resumir es una herramienta muy útil para mantener a todos en la misma página: "De momento hemos acordado que comeremos curry indio el martes y que pediremos a mi madre que venga a cenar el sábado".

. . .

Mucha gente se siente muy a gusto a nivel de contenidos porque nos enfrentamos a ellos todos los días. La mayoría de las veces, los hechos hablan por sí mismos y todos los participantes tienen claro de qué se está hablando. Si no es así, puede ser porque los participantes no han compartido la información necesaria. Para aclarar esto, hay un par de preguntas relevantes que hay que hacer a todas las partes:

- ¿Está todo el mundo de acuerdo con el tema real de la conversación?
  - ¿Tienen todos los mismos datos?

Si la respuesta a cualquiera de estas preguntas es negativa, suele ser bastante sencillo poner a todos al día intercambiando información y definiendo el tema de conversación.

- Procedimiento: El nivel procedimental de la comunicación se caracteriza por la forma en que se aborda la conversación, cómo se va a discutir lo que se quiere discutir. En este nivel son relevantes temas como: ¿Están todos de acuerdo en el orden en que se tratarán los temas? ¿Están todos de acuerdo en el tiempo que tienen para hablar? En el trabajo, estos acuerdos suelen ser bastante sencillos, como cuando envías a un compañero una invitación a una reunión en Google y adjuntas un orden del día. Sin embargo, en las conversaciones privadas no habrá una invitación a una reunión y un orden del día para hablar de la lista de la compra. A pesar de ello, puedes aclarar los puntos de procedimiento en voz alta: "Discutamos primero lo que vamos a comer y luego haremos una lista de las cosas que tenemos que comprar" o "Tomémonos los dos treinta minutos para pensar en algunas recetas que queremos comer esta semana".

En el ejemplo de Darío, Karla y su lista de la compra, si no están estructurados a lo largo del nivel de contenido, nombrando simultáneamente cosas al azar para poner en la lista, sugiriendo comidas y sugiriendo con quién comer, todo al mismo tiempo, es probable que se produzcan malentendidos, confusión e irritación. Una intervención procedimental consistiría en hacer una sugerencia sobre cómo enfocar la conversación sobre la lista de la compra en lugar de dejarse arrastrar directamente por el contenido.

- Interacción: En el nivel de interacción se pasa a una forma de comunicación menos tangible. Para muchas personas, también es más intimidante y desconocido. La interacción se refiere a la forma de acercarse al otro. En cualquier conversación suele haber reglas no escritas al respecto, como dejar que el otro termine sus frases, escucharse mutuamente y mantener el contacto visual con regularidad.

Si tienes problemas en una conversación, y no es por el contenido o el procedimiento, lo siguiente es explorar si tenéis la misma perspectiva sobre cómo debe ser la interacción. Si no es así, puede ser útil para ambas partes si se esbozan las "reglas" y se asegura que ambos están de acuerdo con ellas. Una intervención a este nivel podría consistir en sugerir una forma diferente de interactuar: "Vamos a escuchar al otro" o "Está bien discutir este tema desde una perspectiva personal".

- Emoción: Este cuarto nivel puede parecer bastante sencillo: Se trata de los sentimientos y las emociones. Más allá de eso, este nivel también cubre los sentimientos y emociones que tienes sobre:

- La otra persona.
- Sobre ti mismo.
- Tu situación actual.
- Tu pasado.
- Tu futuro.

. . .

- Tus situaciones actuales, pasadas y futuras en relación con la otra persona.

- Los pensamientos que tienes sobre tus sentimientos y emociones y lo que significan.

Tus sentimientos y emociones se basan en tus creencias y opiniones sobre ti mismo, la otra persona y la situación. Es fácil ver cómo ésta es la capa donde surge la verdadera complicación de las conversaciones difíciles.

No sólo lo experimentas tú, sino también la otra persona. Son muchas emociones que procesar.

La gente suele ocultar sus sentimientos: Un reto dentro de esta capa es que a veces las personas no son muy explícitas y abiertas sobre lo que sienten. Por lo general, acaban mostrando lo que sienten, pero la información sale a la luz de forma improductiva y, a veces, hiriente.

Cuando se discute a quién invitar a cenar el sábado, este es el nivel en el que las cosas van mal cuando sugieres invitar a tu mejor amigo en lugar de a la madre de tu pareja. En lugar de responder con un "sí" o un "no" racional, tu pareja puede lanzarse a una rabieta sobre cómo nunca te gustó su madre en primer lugar, dejando que te sientas confundido y sin saber qué pasó realmente.

Lo que ha ocurrido es que han entrado en juego las emociones y los sentimientos.

Intervenir a este nivel requiere ser consciente de ti mismo y de la otra persona, y tener valor. Una intervención sería decir algo como "veo que estás enfadado" y esperar la respuesta.

Desafíos sobre desafíos: En el ejemplo de la pareja que hace la lista de la compra, los obstáculos están por todas partes: la necesidad de decidir qué comer, cuándo y con quién, mientras que se requiere la navegación de desafíos en los niveles de procedimiento, interacción y emoción.

Todas estas variables crean muchas formas de dificultar la conversación.

Los niveles de interacción y emoción son los que tienen más potencial de mejora: Muchas situaciones se abordan en los niveles de contenido y procedimiento, porque es donde las personas se sienten seguras y capaces. Muchas personas evitan los niveles de interacción y de emoción, ya que temen verse envueltas en una conversación que no saben cómo manejar, por ejemplo, porque no saben cómo manejar las emociones.

Pero en estos niveles hay algunas oportunidades realmente relevantes que, bien utilizadas, profundizan la conversación y pueden incluso resolver el desacuerdo.

Además, si lo que ocurre en la interacción y la emoción sale a la luz y se trata de forma saludable, el contenido y el procedimiento se encargarán más o menos de sí mismos.

Además de los retos ya comentados en cada uno de los niveles, uno de los mayores contratiempos puede producirse cuando una de las partes experimenta un reto en un nivel mientras la otra experimenta un reto totalmente diferente en otro nivel. Por ejemplo, mientras una persona está hablando de contenidos, la otra puede parecer, a nivel superficial, que está hablando de esos mismos contenidos, pero en realidad se está enfrentando a la ira que aflora (nivel de emoción) o a la sensación de que no se le está tomando en serio (nivel de interacción).

Las capas de las personas: Todos somos icebergs. Ahora que sabes cómo los cuatro niveles de comunicación pueden complicar sus conversaciones, demos un paso más y pensemos en lo que podemos aprender sobre las personas reales que participan en una conversación.

. . .

Cuando pienses en cómo la gente maneja las conversaciones difíciles, considera esto: Tú eres un iceberg, no por ser frío y congelado, sino por lo mucho que compartes con otras personas sobre ti mismo. El psicólogo de la Universidad de Harvard, David McClelland, afirmó que, al igual que un iceberg, la mayoría de las personas sólo muestran a los demás la punta de lo que realmente son.

Por supuesto, esto depende de tus preferencias personales y de lo bien que conozcas a la otra persona, pero aun así, nuestras motivaciones más profundas a menudo no las conoce nadie (ni siquiera nosotros mismos).

De niño, probablemente eras bastante abierto sobre tus sentimientos, emociones, motivos y creencias. Luego, cuando creciste, aprendiste a ocultar mucho de esto para ser educado, para caer bien, para encajar, etc. McClelland determinó que las personas acaban mostrando (a través de su comportamiento y las cosas que dicen) tan sólo un 10 por ciento de lo que realmente son. El otro 90 por ciento está oculto bajo la línea de flotación del enorme iceberg en el que se han convertido.

Los icebergs son tan importantes para las conversaciones difíciles porque ese 90 por ciento de ti que está "oculto" es en realidad muy relevante para lo que estás hablando.

Influye en tu comportamiento aunque a menudo no seas consciente de ello. Esto explica por qué algunas personas responden de forma muy emocional a algo que no afecta en absoluto a otra persona: algo, como una antigua experiencia o una creencia muy arraigada sobre cómo deberían ser las cosas, desencadena el estallido emocional, mientras que en la otra persona, esta experiencia o creencia está ausente y, por tanto, no se desencadena.

Las capas del iceberg: Tu iceberg personal contiene tres capas diferentes:

- La primera capa es el 10 por ciento de lo que muestras a los demás, y consiste en tus conocimientos, habilidades y comportamiento (este es el nivel de tu hacer).
- La segunda capa está justo debajo de la línea de flotación y consiste en lo que piensas de los demás y lo que piensas de ti mismo. Aquí están tus normas, creencias y valores. Además, aquí se encuentra la imagen que tienes de ti mismo (es el nivel de tu pensamiento).
- La tercera capa está más abajo en el iceberg y consiste en los rasgos de tu personalidad y los motivos profundos que te impulsan (este es el nivel de tu querer).

Lo ideal sería que conocieras al menos todas las partes de tu propio iceberg. Pero, por desgracia, muchas personas aún no están en contacto con sus capas. Entonces, cuando los temas difíciles salen a la superficie, se sorprenden tanto de que sus creencias, miedos y motivos más profundos afloren como los de otras personas.

Cómo identificar y manejar las capas profundas de tu iceberg: Aprender sobre tus propias capas profundas es uno de los pasos más poderosos que puedes dar para ser más consciente y compasivo y menos reactivo. El desarrollo personal -el proceso de mejorar tu autoconciencia, tu autoconocimiento y tu autoestima, posiblemente con la ayuda de un coach o terapeuta- te ayudará a formarte una idea más clara de tus normas, creencias, valores y tu imagen de ti mismo (segunda capa) y de tus motivos e impulsos más profundos (tercera capa). La exploración de estas capas más profundas lleva tiempo, probablemente toda la vida, así que no sientas que tienes que esperar a dominar el tema para empezar a practicarlo. Sin embargo, cuanto más sepas, más fácil te resultará, así que empezar hoy mismo con el desarrollo personal es una buena idea.

La corriente subterránea: Como habrás adivinado, los niveles dentro de la comunicación y las capas dentro de las personas se encuentran y se mezclan en nuestras conversaciones difíciles. Como el agua que fluye alrededor de los icebergs y las olas que los bañan, los niveles de comunicación fluyen alrededor de ti y de la otra persona. Esto lleva a una interacción entre tu propio iceberg, el iceberg de la otra persona y estos diferentes niveles (el agua). Esta interacción, que se denomina la "corriente subterránea de una conversación", ocurre fuera de la vista, pero no está fuera de tu alcance si estás dispuesto a asumirla. La corriente subterránea es el conjunto de todos los sentimientos, emociones, creencias, valores y rasgos de personalidad relevantes, pero no expresados, de todos los participantes en la conversación, y la interacción entre ellos.

¿Qué hay en la corriente subterránea? La corriente subterránea es un intercambio adicional de información a un nivel más profundo, y la mayoría de las veces los participantes no son (plenamente) conscientes de lo que está ocurriendo allí. En el trasfondo, puedes encontrar cosas como:

- Lo que sientes por la otra persona y lo que ella siente por ti.
- Cómo os sentís los dos sobre vosotros mismos.
- Tu estado emocional en el momento de la conversación.

- Tus creencias sobre todo lo relacionado con el tema de la conversación.
- De qué trata realmente la conversación.
- Posibles soluciones, sincronizaciones, etc.

Toda conversación tiene un trasfondo, y a menudo el trasfondo en sí mismo no crea ningún problema específico. Pero cuando, por ejemplo, tienes una conversación con una persona que desencadena tus creencias más profundas sobre ti mismo, el trasfondo jugará un papel muy relevante en la conversación. En esas conversaciones difíciles, el trasfondo es donde está el problema real y donde se puede encontrar la solución potencial. Cuando hablas de lo que realmente te pasa, es mucho más probable que puedas resolver lo que está mal.

¿Cuál es el valor de descubrir lo que hay en la corriente subterránea? A muchas personas no les gusta que salgan a relucir sentimientos o emociones en una conversación.

Tanto si son propios como si son de la otra persona, la gente tiende a ver las emociones que afloran como algo inútil, innecesario, poco profesional e infantil, cuando en realidad son el camino hacia la corriente subterránea y hacia las cosas que realmente importan. Las emociones son una pista de que algo dentro de ti o de la otra persona está siendo tocado.

. . .

Y al igual que una pelota de playa que hace lo que se supone que debe hacer cuando no intentas empujarla hacia abajo, cuando permites que las emociones asuman su verdadero papel de pista y las aprecias por lo que son -información valiosa- no tienen por qué ser nada engañosas. Pueden ser nada más y nada menos que información sobre lo que es realmente relevante en la conversación.

Una herramienta crucial para afrontar conversaciones desafiantes de forma consciente es aprender a sacar la información relevante que está presente en el trasfondo. Las personas que son expertas en esto ayudan a que las conversaciones avancen hacia el nivel en el que se encuentra la información realmente relevante. Sacar a relucir la información del trasfondo:

- Cambia los niveles de comunicación para llevar la conversación al nivel donde están las verdaderas dificultades.
- Comparte aspectos relevantes de su propio iceberg.
- Nombra las cosas que intuyes que le ocurren a la otra persona de forma constructiva y útil.

Sentirse cómodo sacando información de la corriente subterránea es lo que marca la diferencia entre discutir lo que no es realmente relevante y discutir lo que realmente importa. En el capítulo 6 se explica cómo sacar a relucir la información del trasfondo de la conversación de forma constructiva, para poder encontrar soluciones y evitar que los obstáculos o los viejos hábitos te bloqueen.

¿Qué es el triángulo dramático? Los tres papeles del triángulo dramático son la víctima, el salvador y el perseguidor:

- La víctima: la persona que siente que nada es culpa suya, que se siente en desventaja y que actúa como si no tuviera ningún poder sobre la situación.
- El rescatador: la persona que, en cuanto la víctima da un paso al frente, ofrece ayuda o una solución.
- El Perseguidor: la persona que añade su granito de arena a la situación que arde señalando con el dedo y atacando a la "víctima".

Inicialmente, el triángulo dramático surge cuando una persona asume el papel de víctima. Esta persona atrae entonces a una o más personas al drama para que desempeñen uno de los otros papeles del triángulo dramático. A menudo, al menos alguien asumirá el papel de salvador.

En cierto modo, los papeles son fluidos y, por lo tanto, pueden darse varios escenarios. Por ejemplo, la víctima puede ponerse en contra del salvador, lo que motivará que éste cambie al papel de perseguidor. La razón por la que las interacciones vuelven siempre a este patrón es que cada participante consigue que se satisfagan sus necesidades o deseos tácitos (y a menudo subconscientes), sin tener que reconocer lo que realmente está ocurriendo.

Los motivos ocultos del rescatador son quizá los menos obvios, ya que su ayuda parece provenir de la bondad y la generosidad. La verdad es que tienen su propio interés en el corazón tanto como los otros. Su rescate está motivado por lo que ganan al ser la persona que salva el día. Tal vez sea una dependencia de la víctima, o tal vez sea simplemente ser conocido como alguien que es súper solidario y servicial, pero hay una razón subyacente para no permitir que la víctima encuentre su propia solución, lo que le ayudaría a salir del victimismo en lugar de mantenerla cautiva en esa posición.

. . .

Tú, como la mayoría de las personas, probablemente tienes un papel preferido pero entras y sales de todos estos papeles en diferentes momentos. Si tienes personas con las que las conversaciones parecen caer en el mismo patrón, sin importar el tema, el triángulo dramático podría ser el culpable. Seguimos cayendo en viejos patrones porque nos dejamos arrastrar por estos roles específicos, de los que es casi imposible liberarse sin ser conscientes.

¿Cómo puedes romper el ciclo? Si eres más consciente de ti mismo y comprendes los papeles que desempeñas en tu comunicación con las personas que te rodean, te capacitas a ti mismo, y por tanto a los demás, para salir del triángulo dramático. La dinámica del empoderamiento, ideada por el autor David Emerald en 2005, muestra el enfoque opuesto y constructivo de cada uno de los roles:

- Cuando una víctima acepta que experimenta vulnerabilidad y que tiene la influencia de crear otro resultado, cambia hacia el papel de creador. Se centran en el resultado deseado, impulsando a sí mismos a la acción.
- Cuando un perseguidor empieza a edificar a las personas sin dejar de ser positivamente asertivo en cuanto a sus propias necesidades, en lugar de menospreciar a las personas

criticándolas, culpándolas o controlándolas, se convierte en el retador, que fomenta el aprendizaje, la acción y los siguientes pasos.
- Cuando un rescatador muestra compasión y empieza a hacer preguntas para ayudar al creador a concretar su plan, se convierte en un entrenador. Un entrenador proporciona ánimo y apoyo en lugar de "rescatar" acciones.

Sólo hace falta que un participante en una conversación salga con firmeza del triángulo del drama para entrar en el del empoderamiento para abrir la puerta a que todos los demás participantes también vayan allí.

4

Prepararse para la conversación

COMO LA MAYORÍA de las cosas, las conversaciones difíciles requieren preparación. En este capítulo, discutiremos cómo puedes prepararte mentalmente para una conversación difícil de tal manera que estés equipado para utilizar un enfoque mindfulness para resolver el desacuerdo. Tu ser influye en el resultado de las conversaciones difíciles, así que aprenderás cómo puedes influir en tu ser para promover la atención plena.

Pero primero exploraremos lo que tu forma de ser, tu presencia, tiene que ver con los resultados de la confrontación.

El ser dentro del hacer: La presencia.

. . .

La mayoría de las veces, las personas están muy centradas en lo que deberían hacer: lo que deberían hacer para resolver un problema, lo que deberían hacer para tener una mejor conexión con otras personas, o lo que deberían hacer para resolver los conflictos de forma mindfulness.

Sin embargo, la cita del principio de este capítulo no dice "haz el cambio", sino "sé el cambio", porque la verdad es que una gran parte de tu impacto en los demás no se debe tanto a las cosas que haces, sino que es un efecto directo de tu forma de ser.

La forma de ser no es algo que solemos considerar o hablar con los demás. Tendemos a dar por sentada nuestra forma de ser ("Así soy yo") o a centrarnos en el autodesarrollo y tratar de cambiar cosas de nosotros mismos a largo plazo ("Estoy trabajando para ser menos egoísta"). Sin embargo, cómo somos también está muy relacionado con el momento presente y es algo en lo que podemos influir aquí y ahora.

Practica el estar presente en cualquier momento: Es muy fácil olvidar que, literalmente, cada momento te ofrece la posibilidad de practicar tus habilidades de presencia y atención plena.

. . .

Mientras lees este libro, puedes practicar la atención plena comprobando tu presencia cada pocas páginas: "¿Estoy realmente aquí? ¿Estoy plenamente presente?" Ser capaz de estar plenamente presente, aquí y ahora, es la base de cualquier enfoque de atención plena, así que intenta practicarlo en pequeños trozos a lo largo del día.

¿Qué es la presencia? Tu ser está estrechamente relacionado con la energía. Tu cuerpo siempre emite y absorbe energía, y la gente capta tu energía cuando entras en una habitación. La mejor palabra para definir esto es "presencia". La presencia, en la forma en que la utilizaremos aquí, tiene dos elementos:

- Estar plenamente presente en el momento.
- La forma en que te comportas, o tu porte. Lo ideal es aspirar a una seguridad en uno mismo natural y auténtica que cree una relación con los demás o, en otras palabras, la capacidad de conectar con los demás.

Para la forma en que utilizamos la "presencia" en este libro, la combinación de estos dos elementos es crucial.

. . .

¿Cuál es el impacto de su presencia? La presencia personal puede ser una de las habilidades más olvidadas de las personas altamente efectivas y de los líderes impactantes. Puede que se pase por alto porque no es fácil de explicar o mejorar. Algunos incluso creen que es algo con lo que se nace o sin él. Pero yo creo que la presencia es algo que se puede desarrollar y hacer crecer.

Tu presencia personal -la energía que traes a una habitación combinada con el nivel en el que puedes estar en el aquí y ahora- se refleja en la calidad de las relaciones que construyes y en los niveles de seguridad y confianza que la gente siente cuando está contigo. Esta conexión (o la falta de ella) tiene que ver con el hecho de que alguien tiene una presencia más fuerte cuando tiene menos que ocultar. Si tienes en cuenta tu propia agenda o intentas ocultar ciertas cosas (cualquier cosa, desde información hasta tus verdaderas emociones), ocurren dos cosas:

- No puedes estar plenamente presente en el momento (porque también estás ocupado ocultando cosas).
- Tu energía se distorsiona un poco a causa de tu falta de honestidad, lo que repercute en tu presencia.

Para entender el segundo punto, es importante darse cuenta de que la energía está presente en cada interacción que tienes. En cuanto algo está en tu mente, lo proyectas hacia fuera, lo digas literalmente o no. La gente se da cuenta de lo que ocurre dentro de ti, aunque la mayoría de las veces no sea consciente de lo que está percibiendo.

Pero les dejará la sensación de que no estás completamente comprometido o incluso de que no eres completamente honesto.

Tomemos, por ejemplo, la situación reconocible de no querer decepcionar a alguien. Digamos que tu madre se ha hecho un nuevo peinado, que claramente le encanta.

A ti no te gusta mucho, pero no quieres decepcionarla. En lugar de eso, dices que te encanta. Tal vez lo digas con un poco de entusiasmo o tal vez suenes un poco plano, pero por desgracia es probable que tu madre perciba que, de hecho, no te gusta tanto.

Una alineación de alto nivel entre tu mundo interior y su expresión exterior construye una fuerte presencia. La presencia tiene elementos internos y externos.

- Internamente, la presencia indica que estás conectado, eres consciente y tienes el control de tu propio mundo interior, incluyendo tus emociones auténticas, así como cualquier creencia autolimitante y pensamientos negativos que lleves contigo. (Estos se encuentran a menudo en la pequeña voz interior que duda o te critica). Estás conectado con tu mente y tu cuerpo al mismo tiempo, lo que significa que estás pensando y sintiendo al mismo tiempo. Estás abierto y presente en el momento.
- Externamente, la presencia es la forma en que tu ser influye en las personas que te rodean. Una fuerte presencia conduce a una forma de interactuar que se caracteriza por escuchar de verdad y responder conscientemente, en lugar de reaccionar emocionalmente de forma automática a la otra persona.

Cuanta más apertura y alineación sientas entre lo que ocurre en tu interior y lo que dices y haces, más fuerte será tu presencia y más confianza construirás contigo mismo y con los demás.

Cómo hacer crecer tu presencia:

. . .

Desarrollar y aprender a utilizar conscientemente tu presencia personal es una gran ventaja a la hora de manejar conscientemente cualquier tipo de conversación.

La presencia es algo que siempre llevas contigo, pero es importante cuidarla con regularidad para que se mantenga fuerte cuando las situaciones se vuelvan difíciles.

Fortalecer tu presencia no siempre es una tarea fácil, pero dividirla en estos cuatro pasos puede ayudarte a enfocar tus esfuerzos de manera efectiva.

1. Estar atento: La presencia sólo puede existir cuando estás conectado conscientemente con lo que ocurre en el aquí y el ahora, es decir, cuando estás atento. La atención plena te permite percibir lo que ocurre a tu alrededor y en tu interior, de modo que puedes aprovechar más fácilmente la corriente subterránea y trabajar con ella. Acostumbrarse a comprobarlo con frecuencia a lo largo del día te ayudará a convertir la atención plena en un estilo de vida.
2. Centrarse en la congruencia: La congruencia, es decir, la correspondencia entre el mundo interior y el exterior, es algo que la gente

puede percibir, aunque no sea consciente de ello. Reconocer lo que se siente cuando se es totalmente congruente y ser capaz de llamarlo es lo que creo que es el camino hacia la presencia. La congruencia se siente como una alineación interna, una sensación de estar centrado en ti mismo. También se puede reconocer como una sensación de estar en el flujo. La práctica regular (diaria) del ejercicio de centrado y enraizamiento que aparece más adelante en este capítulo te ayudará a construir una conexión más fuerte con el sentimiento de congruencia.

3. Escucha tu voz interior: Todos tenemos una voz interior, ya sea un "sentimiento visceral", un "conocimiento intuitivo" o simplemente una "sensación que te llega". Este conocimiento interno es tan válido como la información que recibes de tus cinco sentidos. Aprende a reconocer y a confiar en estas otras fuentes de información. ¿Cómo puedes hacerlo? Sé consciente y mantente presente. La voz de tu conocimiento interior se escucha mucho más claramente cuando dejas que el polvo del mundo exterior se asiente y enfocas tu atención hacia adentro.

4. Sé consciente de tu energía personal: Tu energía es una parte vital de lo que eres. Encontrar formas de conectar con tu energía -

y mejorarla si es necesario- puede ayudarte a mantener una presencia fuerte. Muchas personas se centran en su energía mientras practican yoga, meditan o simplemente dan un paseo (¡al aire libre es lo mejor!).

Cómo prepararse para una conversación: Al igual que muchas otras tareas complicadas que realizas en el trabajo y en casa, las conversaciones difíciles se benefician de una buena preparación. Sin embargo, hay que tener cuidado: Aunque es útil pensar en ciertos puntos con antelación, no hay que intentar preparar toda la conversación hasta la última palabra. Al fin y al cabo, lo que quieres es mantener la mente abierta y estar presente en lo que ocurre mientras hablas con la otra persona. A continuación te damos algunos consejos sobre lo que puedes preparar y lo que es mejor dejar para la propia conversación.

Lo que hay que dejar para el momento: Muchas personas se plantean de antemano todo lo que puede ocurrir en una conversación difícil: lo que podrían decir, lo que podría decir la otra persona y cómo responderán a las cuestiones que puedan surgir. Aunque esto pueda parecer un enfoque minucioso, tratar de evitar cualquier sorpresa es en realidad una forma arriesgada de entrar en una conversación difícil.

. . .

Cuando preparas algo hasta el punto de preocuparte por la redacción exacta y el orden adecuado de las cosas, durante la conversación en sí, estarás trabajando entre bastidores (es decir: en tu mente) para que todo ocurra como "debería" ocurrir. Estás ocupado tratando de decir lo correcto en el momento exacto. Te centras en buscar y reconocer lo que esperabas que ocurriera para poder usar tus respuestas preparadas para manejarlo.

Si tu mente está tan ocupada, no estarás totalmente presente para experimentar realmente lo que está sucediendo y averiguar cómo responder mejor. En lugar de escuchar y adaptarte a lo que está sucediendo, estarás repasando tus notas mentales y tu estrategia. Esto comprometerá tu capacidad de estar presente y tu capacidad de aprovechar la corriente subterránea y ser consciente de tus respuestas.

Imagina una conversación en la que le pides a tu jefe un aumento de sueldo. Has construido un argumento sólido para que te lo den. Estás preparado para cualquier cosa que pueda plantear como argumento en contra. Entonces, una vez que has expuesto tu petición, en lugar de argumentar en contra del aumento, tu jefe te ofrece un puesto totalmente diferente, que no supondría directamente un aumento de sueldo, pero sí más responsabilidad y potencial de crecimiento.

Tú, sin embargo, sólo oyes que no hay aumento de sueldo y te centras en los argumentos por los que no es lo que quieres. Como estás tan concentrado en tu argumentación preparada, no estás en contacto con lo que realmente está sucediendo y con tus sentimientos al respecto.

Antes de que te des cuenta, esta magnífica oportunidad se te escapa.

Qué preparar con antelación: Las cosas que puedes hacer para prepararte para una conversación difícil están relacionadas con la forma en que estarás en la propia conversación.

Establece una intención: Lo primero es lo primero: es muy útil establecer una intención constructiva antes de embarcarse en el intento de resolver cualquier conflicto o dificultad. Tu intención para la conversación es lo que pretendes crear en ella y/o a través de ella. Las intenciones son muy poderosas: como dice el refrán, "la energía fluye hacia donde va la atención", y es exactamente por eso que las intenciones son importantes. Lo que pretendes con una conversación es aquello en lo que se centrará tu atención durante la conversación, lo que hace probable que se cree porque más energía se mueve allí.

Una pauta general útil para establecer tu intención es dejar que tu curiosidad tome la iniciativa. Así, por ejemplo, puedes establecer como intención que quieres comprender mejor la perspectiva de la otra persona. O que quieres llegar a un acuerdo mutuo sobre cómo avanzar. Un ejemplo de intención no tan positiva sería tener la intención de hacer que la otra persona vea tu punto de vista.

Acepta las sorpresas: Otra cosa que puede hacer con antelación es ayudarse a sí mismo a esperar lo inesperado y aceptar las sorpresas.

Esto es diferente a tratar de imaginar todos los escenarios posibles, lo cual, como hemos dicho, es contraproducente para una discusión consciente. Lo que debes hacer, en cambio, es practicar los principios de la atención plena de la aceptación y el desprendimiento, junto con la mente de principiante.

Sí, surgirán cosas que pueden asustarte, irritarte o enfadarte o entristecerte. Si aceptas este hecho de antemano, no te sorprenderás tanto, por lo que podrás abordar la situación con calma y controlando tu energía y tus sentimientos en lugar de reaccionar emocionalmente.

. . .

Déjate llevar y confía en ti mismo: Un cambio de mentalidad que puede ayudarte a prepararte para una conversación difícil es confiar en que todo lo que sabes y sientes sobre el tema estará a tu disposición durante la conversación. Por supuesto, puedes leer tus notas o recopilar tus pensamientos de antemano, pero una vez que lo hayas hecho, déjate llevar.

Permítele a tu mente estar presente en el aquí y el ahora para que pueda responder a lo que está sucediendo. Esta mentalidad requiere un salto de fe, así que empieza por experimentar con ella en conversaciones que no te parezcan demasiado importantes. De este modo, crecerá tu confianza de forma segura.

Estar completamente presente en el momento minimizará el número de veces que experimentes esa sensación después de una discusión en la que piensas: "¡Me olvidé de X o Y!" o "¡Debería haber dicho X o Y!"

Al estar en el ahora, las cosas importantes surgen cuando son necesarias. De todos modos, estas reflexiones posteriores deben mirarse con cuidado, ya que la mayoría de las veces son cosas que provienen de una idea de "hacerles entender".

. . .

Sin embargo, puede ocurrir que te des cuenta de que hay algo que realmente deberías haber dicho o hecho para ayudar a crear un mejor resultado.

Si ese es el caso, no hay nada malo en iniciar una conversación de seguimiento.

Céntrate y conéctate: Una parte física importante de tu preparación es centrarte y conectarte a tierra.

- Centrarse significa conectarse energéticamente con su ser interior.
- Enraizarse significa conectarse energéticamente con la tierra.

Hay muchas maneras de centrarse y conectarse a tierra. Lo ideal sería centrarse y conectarse a la tierra mediante una práctica de meditación diaria la mañana de la conversación. Si lo haces, sólo necesitarás un par de respiraciones profundas para volver a un estado centrado y conectado a tierra cuando entres en esa conversación difícil más tarde.

. . .

Si esas respiraciones no son suficientes y/o te sientes un poco ansioso y desconectado, prueba la siguiente práctica rápida. Sólo te llevará unos cinco minutos, y puedes hacerlo incluso en el baño antes de entrar en la reunión.

Comprueba tu estado de ánimo y tu energía: Otra forma útil de prepararse con antelación es ponerse en la "onda" adecuada. Esto incluye tu nivel de energía, pero también tu estado de ánimo general.

La energía que proyectes hacia el exterior, consciente o inconscientemente, influirá en el impacto que causes en la otra persona. Si te aseguras de que tu energía vibra con optimismo, despreocupación, sinceridad, sentido del humor y compasión, influirás en la interacción en consecuencia.

Tu energía es algo en lo que puedes influir fácilmente moviendo tu cuerpo. Así que incluso si tu día no ha empezado bien y no te sientes con energía, puedes cambiar tu energía hacia la ligereza y la apertura a través del movimiento. El movimiento activa la energía estancada y cambia cómo te sientes en el momento presente.

. . .

Cómo preparar tu actitud mental: La actitud mental con la que entras en una discusión o conversación difícil ayudará a determinar tus respuestas y tus interpretaciones de las palabras y el comportamiento de la otra persona.

Tu mentalidad es, por tanto, una herramienta muy poderosa para influir en tu ser y en tu comportamiento posterior en las conversaciones difíciles. Puedes influir en tu mentalidad teniendo en cuenta los siguientes factores.

Piensa en ganar-ganar, no en ganar-perder: Cuando se elige un enfoque consciente para manejar las conversaciones difíciles, el éxito adquiere un significado diferente.

Esto también se relaciona con el tema de la interconexión y la postura. En esencia, debes recordar que tu pareja tiene su propia perspectiva sobre lo que os hace estar en desacuerdo. Explóralo. Busca su razón y su historia, y ábrete a encontrar un camino que abarque las perspectivas de ambos. Así es como dejas de lado la mentalidad de ganar-perder ("Si tú ganas, yo debo perder") y la sustituyes por una mentalidad de ganar-ganar.

Mantener una actitud abierta (no blindada) y vulnerable:

. . .

Ser vulnerable significa asumir el riesgo de exponerse emocionalmente. La vulnerabilidad no es necesariamente buena o mala, pero "sentir es ser vulnerable". Así que la verdad es que, como personas, simplemente somos vulnerables, así que no hay mucho que podamos hacer al respecto. Por supuesto, a menudo tratamos de no ser vulnerables, y eso nos lleva a ponernos una armadura para evitar que nos hieran y que se vean nuestros sentimientos.

En las conversaciones difíciles, eso es un gran reto.

¿Cómo puedes estar abierto y conectado cuando te escondes dentro de una armadura?

Permitir que afloren las emociones: Para poder ser consciente en la resolución de conflictos, debes permitir que los sentimientos que residen en tu iceberg salgan a la superficie y formen parte de tu experiencia. Tus sentimientos en un momento dado te ofrecen un tesoro de información sobre lo que te ocurre, e incluso sobre lo que le ocurre a la otra persona. Esta percepción emocional te ayudará a descubrir información de la corriente subterránea y a discutir lo que realmente está pasando.

. . .

Así que, de hecho, querer ser capaz de manejar conversaciones difíciles con atención te invita a aceptar tu propia vulnerabilidad y a utilizarla para impulsarte hacia las soluciones. Tu vulnerabilidad no es algo a lo que debas temer; es algo a lo que debes invitar y de lo que debes aprender. También ofrece una forma de que otras personas se conecten realmente contigo.

Sin embargo, esta mentalidad es bastante diferente de lo que la gente está acostumbrada a hacer. La verdad es que tratar con emociones fuertes (o con cualquier emoción, en realidad) no es algo con lo que la mayoría de nosotros tenga mucha experiencia. En la escuela y en el trabajo nos enseñan (explícita o implícitamente) que las emociones deben silenciarse con rapidez, reconocerse brevemente (si es que lo hacen) y luego guardarse. En definitiva, tenemos muy poca o ninguna experiencia en el manejo de emociones fuertes.

Esta inexperiencia y la consiguiente incomodidad con las emociones se refuerzan por sí mismas: Cada emoción que surge es rápidamente "corregida" por nuestros compañeros o miembros de la familia, dejando así poco espacio para experimentar la emoción real, lo que a su vez refuerza un bajo nivel de confort en torno a las emociones.

. . .

Objetivamente hablando, los estallidos emocionales son simplemente lo que ocurre cuando los sentimientos no expresados en el iceberg suben a la superficie. Especialmente en el lugar de trabajo, pero sorprendentemente también en muchas otras situaciones, las personas no expresan a tiempo lo que sienten, perciben o experimentan de verdad. Al no decir su verdad, las personas embotellan todos los sentimientos que no expresan, apilando unos sobre otros, lo que permite que sus emociones se inflen como un globo. Y todos sabemos lo que ocurre cuando seguimos inflando un globo: En algún momento estallará. Cuando esto sucede y se produce un estallido emocional, a menudo se siente como una reacción exagerada a la situación que se presenta.

Trabajar con las emociones: Lo que ocurre cuando sentimos nuestras emociones sería completamente diferente si tratáramos los sentimientos como una fuente de información valiosa desde el principio. Si los sentimientos se tratan como una parte normal de la conversación, son algo de lo que se puede hablar sin más. Por ejemplo, podrías decir algo como "noto que esto me duele" o "me siento triste al oírte decir eso". Si utilizas tus sentimientos como información y los haces parte de la conversación, no tendrán la oportunidad de acumularse y provocar un estallido de emociones fuertes en un momento posterior.

. . .

La gestión de las emociones que afloran en una conversación difícil comienza con la toma de conciencia y una actitud tranquila. No hay que tener miedo a las emociones ni a que la conversación se descontrole.

Tómate uno o dos segundos para encontrar la claridad y ponerte en el camino correcto para manejar las emociones (las tuyas o las de la otra persona) de forma eficaz. En esos segundos, podrás reconocer que hay una emoción presente. Eso es suficiente. Después, puedes dar un paso atrás y evaluar de qué emoción se trata. Cuando lo sepas, puedes nombrarla a ti mismo, si es la tuya, o en voz alta si es la de la otra persona ("veo que estás enfadado", por ejemplo). Cuando la emoción se "nombra", se desinfla.

Este sencillo plan de cinco pasos le permitirá manejar las emociones de forma consciente:

1. Reconocer que hay una emoción presente.
2. Da un paso atrás para considerarla.
3. Nombra la emoción.
4. Observa o experimenta la emoción (y quizás veas que surge una nueva emoción).
5. Habla de la emoción y de los sentimientos subyacentes, o trabaja con la nueva emoción.

Es una práctica poderosa para conocer realmente tus sentimientos. Si te obligas a echar un vistazo honesto a los sentimientos que tienes, explorarás tu mundo interior de una manera que dará sus frutos cuando te encuentres en una situación difícil. Reconocer los sentimientos requiere práctica, pero si invitas conscientemente a tus sentimientos a estar ahí, sin juzgarlos ni tratar de alejarlos, ganarás experiencia con ellos. Y cuanta más experiencia tengas con tus sentimientos, menos te asustarán cuando salgan a la superficie en una conversación difícil o en un conflicto.

No juzgues los sentimientos: Hay docenas de sentimientos diferentes, todos con connotaciones ligeramente distintas.

También es relevante reconocer que las experiencias pueden ser etiquetadas como negativas: por ejemplo, el sentimiento "estresado". Como parte de tu práctica de mindfulness, intenta reservarte el juicio sobre los sentimientos. Incluso puedes empezar a ver otras "caras" de los sentimientos con connotaciones negativas. Por ejemplo, comprueba si puedes observar la misma experiencia "estresada" de una forma más neutra, como "ocupada", o incluso de una forma positiva, como "reconocida" o "buscada". La forma que elijas para enfocar tus emociones puede cambiar toda tu experiencia con ellas.

. . .

Prueba hacer un diario: Hablar de tus emociones te resulta difícil al principio, un método realmente útil es escribir sobre tus experiencias, los sentimientos que te provocan y los pensamientos que tienes sobre esos sentimientos. Este proceso te ayudará a darte cuenta de que los sentimientos en sí mismos no te hacen infeliz; son, de hecho, los pensamientos que tienes sobre ellos los que lo harán. Elige un momento y un lugar para estar a solas.

Puedes utilizar una meditación guiada para quedarte quieto y conectar con tus sentimientos. También puedes limitarte a explorar en tu interior qué sentimientos están presentes en ti. Intenta notar los sentimientos sin hundirte en ellos, y empieza a escribir libremente sobre lo que te surja.

5

Aprende a escuchar

Se considera que escuchar es la habilidad de comunicación más importante. Algunas investigaciones afirman que escuchamos durante aproximadamente el 45% del tiempo que dedicamos a la comunicación, mientras que el resto se divide entre hablar, escribir y leer.

Sin embargo, es interesante que la gente pase mucho más tiempo aprendiendo "oficialmente" a hablar, leer o escribir que a escuchar. Esto es cierto en nuestro sistema escolar y también en el aprendizaje de los adultos; una rápida búsqueda en Internet de cursos para mejorar las habilidades comunicativas ofrece de tres a cinco veces más visitas para hablar o escribir que para escuchar. Es fácil ver que escuchar es una habilidad infravalorada y poco desarrollada.

. . .

Sin embargo, es especialmente importante en la práctica de la atención plena tener una sólida comprensión de cómo escuchar con una mente abierta, compasión y generosidad.

El problema de la escucha superficial: Imagínate esto, estás en medio de una intensa conversación y la otra persona está hablando. Estás en silencio y permites que la otra persona diga lo que piensa. Mientras escuchas, te pasan por la cabeza pensamientos como "Este punto que están exponiendo no es en absoluto válido; ¿cómo puedo demostrarlo?" o "Este enfoque realmente no ayuda a mi situación, y explicaré por qué en cuanto dejen de hablar".

Cuando la otra persona haya terminado de hablar, abraza tu turno para hablar. Empiezas explicando por qué todo lo que ha dicho es absolutamente inválido/ irrelevante/ incorrecto/etc., o simplemente dejas de lado su aportación y compartes tu propia perspectiva de la situación.

¿Te resulta familiar? Probablemente sí. Esto, por supuesto, no es escuchar con atención, y no te ayudará a superar conversaciones o conflictos difíciles.

. . .

Esta situación tan habitual se produce porque nuestro cerebro es capaz de procesar la información mucho más rápido de lo que la gente puede hablar. Esta es una de las razones por las que nos distraemos tan fácilmente cuando deberíamos estar prestando atención. Mientras la otra persona está explicando su punto de vista, tu cerebro está buscando algo que hacer. Estamos tan acostumbrados a centrarnos en nosotros mismos que, por costumbre y por eficiencia, nuestro cerebro pasa a estructurar nuestros propios pensamientos. Pero hay una forma mucho más interesante y eficaz de utilizar la capacidad cerebral: la escucha profunda.

Los beneficios de la escucha profunda: Es fácil decir que hay que mejorar la escucha para poder resolver los conflictos de forma consciente, pero ¿sabes realmente cuáles son los beneficios de escuchar mejor? Dediquemos algo de tiempo a explorar las muchas razones por las que escuchar a un nivel más profundo mejorará sus habilidades para la resolución de conflictos.

Escuchar fomenta un entorno cooperativo: Lo primero es lo primero: Escuchar con atención crea una atmósfera de cooperación y apertura. Estar realmente presente con la otra persona y utilizar todos tus sentidos para entender su perspectiva le muestra respeto y, sin sorpresas, a la gente le encanta eso.

A la gente le encanta que la escuchen, la oigan y la valoren. Puede afectarles profundamente y como has contribuido a crear esa atmósfera, se abrirá una conexión más profunda contigo. Eso, a su vez, conduce a una mayor confianza y, por tanto, a un diálogo más abierto.

Invitando a compartir más: La segunda gran ventaja es que, al escuchar atentamente, animas a la persona a pasar al nivel emocional de la comunicación. A la gente le suele gustar hablar de sí misma; al permitir que alguien lo haga sin interrupciones ni respuestas inmediatas, es más probable que entre en detalles sobre sus motivaciones y creencias. Esos detalles te permiten comprender mejor por qué se comportan de esa manera y, por lo tanto, por qué estás teniendo esta difícil conversación con ellos en primer lugar. También puede darte información sobre lo que necesitan para poder resolver el conflicto.

Una advertencia: Las razones para escuchar atentamente se reducen a este hecho: si escuchas mejor, la otra persona compartirá más información contigo. Aunque esta estrategia es realmente compasiva y cooperativa y puede conducirte a mejores resultados en los conflictos, también podría ser manipulada como un "truco" de comunicación si pretendes ser un oyente atento. Sin embargo, engañar a alguien de esta manera es inútil, porque la escucha consciente se hace intrínsecamente con sinceridad.

La escucha atenta se origina al ver el valor de conectar y comprender, y así encontrar soluciones a las conversaciones difíciles o a los conflictos. Si te limitas a murmurar y asentir con la cabeza mientras te desconectas, la gente percibirá intuitivamente que tu interés no es sincero.

Cómo escuchar con atención: Como con cualquier otra habilidad, tendrás que practicar la escucha atenta para llegar a dominarla. En esta sección verás que se repiten muchos de los temas que has ido aprendiendo: capas de comunicación, corrientes subyacentes, principios de la atención plena.

Escuchar al nivel adecuado: Puedes escuchar la información que oyes durante una conversación difícil en varios niveles. El modelo sencillo que se utiliza aquí funciona bien para explicar esos distintos niveles. Podrías estar escuchando para:

1. Respuesta
2. Ganar claridad
3. Conectar
4. Encontrar el camino a seguir

Escuchar para responder: El primer tipo de escucha se centra en ti y en tu mente.

En lugar de prestar atención a la otra persona, te quedas dentro de tu propia mente y, básicamente, inicias una segunda discusión (interna) junto a la que ya estás teniendo.

Esta discusión interna es lo que se llama "parloteo interno" de tu mente de mono. Te preguntas cómo juzgar la contribución de la otra persona: "¿Tienen razón o están equivocados? ¿Qué tan inteligente es su contribución? ¿Me creo lo que dicen?". También puedes considerar lo que sientes por la otra persona: "¿Me gusta? ¿Son agradables? ¿Qué pienso de cómo se presentan?".

Además, estás considerando tu posible respuesta. Básicamente, te quedas callado hasta que llega tu momento de hablar.

Escuchar para ganar claridad: Escuchar para obtener claridad, el segundo nivel de escucha, es cuando pasas de escuchar tus propias ideas a escuchar a la otra persona.

Sin embargo, esta escucha es muy objetiva. El participante que actúa en este nivel, al igual que en el primero, es el "pensamiento" o el cerebro intelectual.

. . .

Resolución de Conflictos

El cerebro intelectual es excelente para tareas como analizar, estructurar la información y hacer planes.

Al escuchar a la otra persona hablar, el cerebro intelectual estará tratando de distinguir entre las cosas que prueban y las que refutan lo que ya sabe, las cosas que encajan y las que no encajan en su análisis del mundo hasta el momento. Intenta comprender a la otra persona a nivel intelectual. Hay aprendizaje, pero también hay juicio, igual que en el primer nivel, y está claro que el primer y el segundo nivel pueden combinarse fácilmente.

Escuchar para conectar: En el tercer nivel de escucha, se produce un gran cambio al pasar de la mente intelectual y pensante a la mente intuitiva y sentimental. La intención de este tipo de escucha es conectar realmente con la otra persona y comprenderla a nivel emocional. No hace falta decir que este nivel de escucha no es un proceso puramente intelectual, como los dos primeros.

Dicho esto, el primer paso para entender a alguien es intelectual. Hay que captar cognitivamente lo que se dice para acercarse a la comprensión. Pero la cosa no acaba ahí.

. . .

El tipo de escucha en esta etapa es de naturaleza empática, lo que significa que se intenta escuchar no sólo lo que la gente dice literalmente, sino también lo que quiere decir y siente por debajo de eso. Comprenderlos en ese nivel más profundo crea una verdadera conexión con ellos. Para poder hacerlo, hay que ponerse en el lugar de la otra persona y tratar de obtener una imagen completa de cómo son las cosas para ella.

Cuando pasamos a este nivel de escucha, nos involucramos con nuestra mente intuitiva y emocional y tratamos de dar sentido a lo que siente la otra persona. Al escuchar para conectar, te abstienes de introducir tus opiniones o pensamientos. Dejas tu juicio en casa.

No hay forma de escuchar con empatía, de conectar realmente con alguien, cuando también lo estás juzgando, ya sea a nivel moral ("Esto está bien" o "Esto está mal"), a nivel cognitivo ("Esto es diferente de lo que yo sé"), o asumiendo que sabes cómo va a terminar su frase (e incluso terminándola por él). Este tercer nivel de escucha no tiene que ver contigo, sino con la otra persona.

Para ser capaz de escuchar a la gente en este nivel, escuchas las palabras que dicen, pero no te quedas ahí.

. . .

Al aplicar el significado a la elección de las palabras y a las imágenes que éstas transmiten, aprendes mucho más sobre lo que creen. Las palabras y las imágenes no surgen de la nada. Incluso si la otra persona no las eligió conscientemente, inconscientemente lo hizo. Y eso es relevante.

Probablemente hayas adivinado que para entender a las personas a nivel emocional, también hay que escuchar sus emociones. Y eso no es tan difícil como parece. Las emociones fluyen en la conversación a través de nuestras voces: el tono, pero también el ritmo, los silencios y otras variedades vocales, como si oyes que a alguien se le quiebra la voz o que lucha con una opresión en la garganta. Todos estos elementos son relevantes, ya que te dan información sobre las emociones que la otra persona está experimentando mientras dice las cosas que dice. Todos estos datos te dan mucho trabajo a la hora de conectar e intentar avanzar.

Escuchar para encontrar el camino a seguir: Por último, llegamos al nivel de escucha que es el más difícil de explicar, el más difícil de aprender y el más gratificante de todos. Aquí es donde la mente intuitiva va realmente a por todas, ya que trabaja para encontrar un camino hacia adelante que supere los retos de la conversación y resuelva el conflicto.

Este tipo de escucha abre a ambas partes de la conversación a posibilidades que ninguna de ellas tenía en mente antes. En este nivel de escucha, se aprovecha la corriente subterránea.

Escuchar con atención: El gran reto de escuchar atentamente durante una conversación difícil es doble:

1. Tendrás que estar plenamente presente en la situación para poder captar todo lo que está ocurriendo y el potencial que está surgiendo.
2. Tendrás que abstenerte de reaccionar habitualmente (internamente o en voz alta) a lo que escuchas y a la reacción emocional que experimentas como resultado.

Llevar una actitud consciente a una conversación difícil es una forma poderosa de ayudar con ambas cosas. Veamos algunos de los hábitos de atención plena que te ayudarán a escuchar y cómo cultivarlos en las conversaciones difíciles.

Establecer una intención: Si sabes de antemano que vas a tener una conversación difícil, prepárate estableciendo una intención útil y de apoyo. Tu intención podría ser, por ejemplo, "encontrar una salida al conflicto que respete a ambas partes" o "lograr la comprensión mutua".

Tu escucha y tu presencia estarán cargadas de esa intención, permitiendo que ésta infunda la "energía" general de la sala.

Estar presente al principio: Estar presente es de vital importancia para poder escuchar bien. Cuando entres en una conversación potencialmente difícil, date tiempo para llegar y ralentizarte para asimilarlo realmente: ¿Dónde estás exactamente, quién está ahí, cómo te sientes en este entorno, etc.?

Si sigues este procedimiento, entrarás rápidamente en tu cuerpo y estarás presente en el aquí y ahora.

- (Re)conéctate con tu cuerpo nada más sentarte. Esto te ayudará a estar y permanecer presente con todo lo que pueda surgir.
- Coloca los dos pies en el suelo.
- Respira en el abdomen, lo que te llevará a tu cuerpo y te ayudará a estar presente en la experiencia.

Si una conversación se convierte inesperadamente en un conflicto, puede que no te hayas "preparado", pero no será demasiado tarde para respirar y adoptar un enfoque consciente.

. . .

Utiliza todos tus sentidos para escuchar: Este aspecto de la atención plena es especialmente importante para escuchar. Aparte del oído, es útil utilizar conscientemente los demás sentidos para recabar información sobre lo que realmente está ocurriendo. La vista puede ser lo más obvio, ya que es probable que observes el lenguaje corporal de la otra persona, pero recuerda que no hablamos de tu "sensación visceral" o de algo que "deja un sabor amargo" por nada. Practica la percepción de la experiencia en su totalidad y capta la información más allá de las meras palabras.

Mantente plenamente presente durante toda la duración: Después de centrarse inicialmente en estar presente, trabaja en mantenerte presente en la experiencia, por muy difícil que sea. Muchos de nosotros nos desviamos de las conversaciones para pensar en el pasado o en el futuro, lo que nos aleja de lo que realmente está sucediendo en el momento, especialmente cuando lo que está sucediendo en el momento no es algo que nos satisfaga, como cuando estamos recibiendo una retroalimentación constructiva o no tan constructiva. La práctica consiste en estar presente y ser consciente de la experiencia en el momento en que tiene lugar y aceptar las cosas tal y como son ahora.

. . .

Pausa: Se podría decir que escuchar es una gran oportunidad para hacer una pausa, observar y experimentar. Pero, en tu silencio, existe el riesgo de entrar en el parloteo interno, es decir, tu mente de mono, juzgar, etiquetar, etc. En lugar de ello, toma la decisión consciente de hacer una pausa para volver a centrar tu mente en la valiosa experiencia interior de las emociones y las percepciones, en lugar de dejar que entre en una espiral de negatividad, reactividad y dramatismo.

Mantener la mente abierta (sin juzgar, con curiosidad y confianza): Juzgar no ayuda a resolver los conflictos. El resultado subyacente de juzgar es separar en lugar de conectar. Al aceptar las cosas como son, te abstienes de juzgarlas y etiquetarlas como buenas o malas.

En su lugar, elige la curiosidad para acercarte a la información: La curiosidad es, por supuesto, útil para comprender mejor lo que dice la otra persona. Puede ayudarte a leer señales sobre la energía y la atmósfera de la sala. También es una buena manera de tomar conciencia de tus propias emociones y de tus reacciones a lo que se dice.

La confianza es otro aspecto importante de la mente abierta al escuchar.

Confía en tu mente intuitiva, confía en que surgirá un camino a seguir y confía en que, si dejas de juzgar y de pensar en cómo responder, las palabras adecuadas llegarán cuando te toque hablar.

Recordar todas estas prácticas de atención plena te convertirá en un oyente más reflexivo, compasivo e implicado. Practícalas como cualquier otra habilidad cuando tengas pequeñas oportunidades en la vida cotidiana; así será más fácil recordarlas cuando te encuentres en una conversación difícil.

Escúchate a ti mismo: Después de toda la información que has aprendido hasta ahora en este capítulo, puede que creas que escuchar a la otra persona es el principio y el fin de una buena escucha. Pero la verdad es que no lo es. También tienes que escuchar a otra persona, es decir, a ti. Sí, escucharte a ti mismo también es un componente de la escucha atenta.

Al escuchar las palabras de la otra persona y comprenderlas en profundidad, también afloran en ti emociones e ideas. Se podría decir que sus palabras desencadenan emociones en alguna parte de tu iceberg. Tocan emociones, creencias o valores, y tú experimentas automáticamente una respuesta a ello.

Esa respuesta, naturalmente, puede ser positiva, pero en una conversación difícil, es más probable que sea algo como malestar, ira, resentimiento o miedo.

Si animas a que estas reacciones que se producen de forma natural se queden en un nivel subconsciente, y te limitas a hablar en respuesta a las palabras de la otra persona, hay una gran probabilidad de que tus reacciones subconscientes sigan filtrándose en la conversación (¡o entren con un desfile!). Esta situación probablemente no conduciría a una conversación más constructiva, porque las emociones importantes no se están compartiendo ni abordando.

Escucharse a sí mismo proporciona mucha información: Una forma de evitar ese tipo de fuga emocional es escucharse a sí mismo y darse cuenta de lo que ocurre en su interior. El reto aquí es ser consciente de lo que se está desencadenando y hacerse cargo de ello. Esto significa básicamente aceptarlo como información sin juzgarlo.

De este modo, tus emociones no te llevan a un giro de comportamiento reactivo, sino que te adueñas de tus emociones hablando de ellas cuando te toca hablar.

. . .

Además, al escuchar a la otra persona hablar, tu mente intuitiva, o tu instinto, probablemente te esté dando pistas sobre cómo proceder. Surgen ideas que pueden no haber estado en tu mente consciente antes de la conversación.

Al igual que ocurre con las emociones, es tu reto traerlas a tu conciencia y utilizarlas para resolver el conflicto o el desacuerdo.

Aquí es donde resulta útil esa capacidad cerebral adicional que has liberado al escuchar sin el parloteo mental del mono o el juicio. Utiliza ese poder cerebral para explorar y llegar a un acuerdo con lo que ocurre dentro de ti cuando escuchas a la otra persona hablar.

Agarra esos pensamientos e ideas flotantes que pueden surgir de repente.

Cómo escuchar las críticas constructivas: Uno de los retos más difíciles a la hora de escuchar surge cuando se recibe una crítica o un comentario constructivo, o no tan constructivo. Por mucho que intentes enfocar las cosas de forma consciente, no es fácil escuchar los problemas que tiene la otra persona contigo.

. . .

Pero la retroalimentación es una forma importante de conocer tus puntos débiles y el impacto que produces en los demás. Sin una crítica constructiva, no mejorarás.

Puede que no sea divertido, pero es importante.

No es fácil recibir comentarios, pero tampoco es fácil darlos. Como las críticas constructivas suelen ser recibidas con hostilidad y actitud defensiva, muchas personas se abstienen de darlas. A los que se desviven por decirte cómo puedes mejorar, podrías conocerlos al menos con aprecio por su valentía. Más allá de eso, cuando intentes aprender lo que hay que aprender de cualquier crítica que recibas, hay algunas cosas que debes tener en cuenta.

Quitar los escudos: A menudo, cuando te das cuenta de que alguien va a decirte algo que puedes mejorar, tu respuesta automática será cerrarte, escudarte, especialmente en tu corazón, para que no te duela ni te ataque.

Esta es una respuesta lógica que puedes haber adoptado tras años de lidiar con "ataques" emocionales mientras crecías.

. . .

Estos ataques pueden haber sido grandes o pequeños, dependiendo de tu situación personal, pero casi todos los niños lo pasan mal cuando la gente les dice lo que piensa de ellos (a menudo sin que haya actitudes conscientes).

¿Recuerdas las riñas en el patio de recreo, los comentarios sobre tu cuerpo en la clase de gimnasia o los castigos por algo que hizo tu hermano o compañero de clase? Sin las habilidades para manejarlos, incluso estos ataques "normales" eran dolorosos. La mayoría de los niños afrontan estas situaciones comunes aprendiendo a protegerse, o a escudarse, para no ser heridos por comentarios como esos. Por muy útil que parezca en ese momento, el blindaje tiene una gran desventaja: no sólo te protege de lo malo, sino que también deja fuera lo bueno.

Cosas como el amor, el aprecio y la validación tampoco pueden atravesar el escudo. Así que, al evitar lo malo, también te impides tener lo bueno.

El blindaje es comprensible para los niños que carecen de las habilidades adultas para afrontar las críticas, pero como adulto, lo ideal es que aprendas que estás bien como eres y que los demás no deciden lo valioso que eres.

· · ·

También puedes desarrollar las habilidades para manejar mejor las críticas, como convertirlas en lo que realmente son: la opinión de alguien sobre cómo podrías mejorar, en lugar de una gran y dura verdad.

Aunque el escudo ya no es necesario en la edad adulta, es difícil dejarlo. Mucha gente nunca deja de apantallar, por desgracia. Pero hay dos grandes ventajas si lo haces:

1. Te abres a todo lo bueno.
2. Te abres a una conexión mucho más profunda con las personas, incluso con las que pueden tener algo "constructivo" que decirte.

Estos dos beneficios pueden ayudarte a superar (o evitar) las conversaciones difíciles.

Practicar el discernimiento: Entre otras cosas, escuchar los comentarios y aceptar que alguien tenga una opinión sobre ti es una lección de discernimiento. A veces las críticas que recibes son útiles; otras, no.

Tienes que decidir cómo trabajar con ellas, o no. Pero primero tienes que ser capaz de asimilar.

. . .

Al fin y al cabo, las críticas tienen muchas facetas:

1. A menudo hay algún tipo de hecho: algo que hiciste o dijiste, por ejemplo.
2. Luego está lo que este hecho dice de ti, de tus opiniones, de tu personalidad, de tu mentalidad en ese momento, etc.
3. Luego está lo que este hecho provocó en la otra persona: dónde tocó algo en su iceberg. Es importante apreciar que los comentarios que recibes dicen tanto de ellos como de ti.

Recibir las críticas con dignidad: Estar abierto a recibir comentarios es una habilidad poderosa. Permitir que las personas compartan cómo les ha afectado tu comportamiento hace que tu relación con ellas sea abierta y, a menudo, más profunda. Sólo hace falta un momento de conciencia para entrar en la onda adecuada para escuchar lo que quieren compartir contigo. Sigue estos pasos para crear una atmósfera abierta y compasiva:

1. Reconoce lo que está pasando. Date cuenta de que, en esencia, alguien simplemente está compartiendo su opinión contigo: ni más ni menos. Esta opinión puede ser acertada, pero también puede estar fuera de lugar. Para poder decidir cuál es, tendrás que entender realmente lo que te están diciendo.
2. Ábrete a recibir su mensaje. Despeja tu mente

de otras cosas, respira profundamente, deja de estar a la defensiva y de escudarte, suspende cualquier juicio y prepárate para escuchar de verdad.

3. Escucha para comprender, sin interrumpir. Cuando terminen, comprueba si has entendido bien ("Entiendo que te hice mucho daño cuando decidí no ir a visitar a la abuela contigo; ¿es así?").

4. Da las gracias. No es fácil dar las gracias. Agradece sinceramente a la otra persona que haya tenido el valor de enfrentarse a ti.

5. Haz preguntas para deconstruir lo que realmente está pasando. Por ejemplo, intenta aclarar si se trata de algo recurrente o de un incidente aislado ("¿Me ves faltar mucho a las reuniones familiares? ¿Sientes que no estoy ahí para la abuela?"). Intenta también determinar si se trata sólo de su opinión o si otras personas piensan lo mismo ("¿Te ha dicho algo la abuela al respecto?"). Pregúntales si ven alguna solución concreta ("¿Cómo crees que podría reconciliarme con ella?").

6. Crea un tiempo para pensar en tus próximos pasos. En el trabajo, la forma en que lo afrontes puede afectar a tu futuro en la empresa. En casa, tu decisión sobre cómo responder influye en tus relaciones. Por otro lado, tu propia opinión también es muy

relevante. Aquí es donde hay que discernir ¿Qué está pasando realmente y hacia dónde quieres ir con ello? Date un tiempo para reflexionar antes de responder.
7. Diles cómo vas a responder a sus críticas. Después de considerarlo (a veces puede ser el mismo día, a veces más tarde), debes compartir tus próximos pasos. Tal vez te enmiendes con alguien, tal vez tengas que rehacer parte de un proyecto, y tal vez tu decisión sea no hacer nada. En cualquier caso, sé abierto en cuanto al seguimiento de sus comentarios.

Ponerlo todo en común: Conviértete en un oyente atento. Para escuchar de tal manera que estés conectado tanto contigo mismo como con la otra persona y que te permita aprovechar el trasfondo y encontrar soluciones inesperadas, tienes que estar concentrado en:

- La otra persona: Aprender de ella, especialmente sobre cómo ve las cosas, y conectar siempre con ella profundamente. Esto requiere que te abstengas de juzgar y que, en cambio, sientas curiosidad.
- En ti mismo: Aprovecha la oportunidad de hacer una pausa mientras escuchas y recoge información dentro de ti sobre cómo experimentas lo que está diciendo la otra

persona. Escucha con todos tus sentidos mientras te comprometes y confías en tu mente intuitiva para dar sentido a toda la información que recoges dentro y a tu alrededor y llevarla a un nivel plenamente consciente.

Si haces todo eso, entonces, y sólo entonces, serás conducido a lo que podríamos llamar un campo de nuevas oportunidades. Este es un lugar muy prometedor, ya que en este campo de oportunidades surgen ideas sobre cómo avanzar de forma que se respeten ambas posiciones y se ayude a resolver el conflicto o el desacuerdo. Una idea suele surgir como un pensamiento aparentemente no relacionado o como una sincronicidad (coincidencia significativa). Por ejemplo, mientras escuchas a tu colega explicar los retos que supone idear una gran estrategia para lanzar ese producto, oyes cómo comparte todo lo que ha rechazado. De repente, aparece en tu cabeza una idea que combina algunos de los elementos de sus ideas, pero sin los inconvenientes. Cuando estés abierto a estas oportunidades y las reconozcas por lo que son, podrás utilizarlas en tu discurso y así dirigir la conversación en una dirección positiva.

Practicar, practicar y practicar: Convertirse en un gran oyente requiere conciencia y práctica.

. . .

Ahora que has leído este capítulo, tienes conciencia. Así que pasemos a la práctica.

Echa un vistazo a tu calendario ahora mismo: ¿Qué reuniones (laborales o personales) de la próxima semana podrían ser un buen lugar para empezar a practicar la escucha atenta? No es necesario que se trate de un conflicto potencial o de una conversación difícil; cualquier conversación significativa sirve. Elige al menos una, preferiblemente un par.

Antes de ir a esas reuniones, fíjate una intención clara. Si has elegido una reunión de trabajo, podría ser algo así como "averiguar todo sobre la posición de X en....", y si vas con una reunión personal, quizá utilizar algo como "averiguar cómo se siente Y ahora que lleva más de un mes en su nuevo trabajo".

Mientras estés en la reunión, céntrate en estar presente y haz un esfuerzo por escuchar desde un punto de vista empático. Intenta comprender realmente de dónde viene la otra persona. Además, sé consciente de cuándo cambias accidentalmente a uno de los niveles "inferiores" de escucha.

. . .

Cuando hayas practicado esto al menos dos veces, empieza a añadir los demás elementos que has aprendido en este capítulo, uno por uno. Utiliza los distintos aspectos de una actitud consciente (no necesariamente todos a la vez), luego escúchate a ti mismo en un nivel empático y después intenta conectar con las oportunidades que tu mente intuitiva pueda captar. En una situación de no conflicto, no serán soluciones, ya que no hay un problema, pero quizá haya una invitación a pasar más tiempo juntos o a trabajar en un proyecto en equipo.

Desarrollar la habilidad de la escucha atenta sin duda requerirá práctica, pero no te compliques: Toma algunas notas después para hacer un seguimiento de tu progreso, comparte tus "resultados" con amigos y/o con las personas con las que has tenido las conversaciones, si procede, y disfruta siempre de tus victorias.

6

Aprende a hablar

En este capítulo, aprenderás a compartir tu verdad de la mejor manera posible cuando discutes un tema difícil. Recuerda que una de las principales razones para mantener una conversación difícil es compartir tus sentimientos sobre un tema, por lo que hablar con atención es tan importante como escuchar con atención. Si no hablas, la gente no sabrá lo que piensas, sientes o crees, lo que puede ser muy frustrante y llevar a una menor confianza y conexión. También aprenderás a mirar más allá del tema principal para poder ver qué otros factores pueden intervenir en la conversación y cómo deberías hablar de ellos.

Encontrar el equilibrio adecuado: Todos hemos tratado con una gran variedad de estilos de conversación.

. . .

Los bebés que aún no saben hablar intentarán que entiendas cómo se sienten o qué quieren y necesitan de ti, pero como su repertorio se limita al llanto y, más tarde, a diversas formas de lenguaje de signos, se producen innumerables malentendidos y montañas de frustración por ambas partes. Por otro lado, seguro que conoces a adultos que parecen hablar demasiado.

Por supuesto, algunos adultos no comparten fácilmente su perspectiva. Son silenciosos y tienen sus propios pensamientos, lo que puede hacer que te preguntes qué están pensando. Su reticencia a compartir puede incluso hacer que tu mente se ponga en marcha al tratar de llenar los espacios en blanco tú mismo. También es posible que conozcas el tratamiento del silencio como una forma de castigar a alguien al no compartir sus sentimientos y pensamientos, ignorando a la otra persona por completo.

Luego está el elemento de cómo hablas, tu "presencia vocal". El tono, el ritmo y el volumen de tu discurso son indicadores relevantes de tu estado de ánimo y tus sentimientos sobre el tema, e incluso pueden dar alguna indicación sobre tu personalidad. Si quieres que te escuchen, la forma de hablar es muy relevante. Como en tantas otras cosas, el equilibrio es la clave.

. . .

Hablar demasiado rápido se interpreta rápidamente como un signo de nerviosismo o incluso de falta de confianza en uno mismo. Hablar rápido también puede dar la impresión de que no crees que la gente quiera escuchar lo que tienes que decir. Si hablas demasiado despacio, la gente pierde el interés y se dedica más rápidamente a su parloteo mental.

El tono de voz puede ser una herramienta práctica para transmitir tu posición sobre algo, pero utilízalo de forma reflexiva, sin exagerar. También hay que tener cuidado con los tics verbales, como los "me gusta" y los "ya sabes", ya que pueden apagar rápidamente a los oyentes. Las micro pausas frecuentes son una forma eficaz de mantener la atención de los oyentes.

Cómo reunir toda la información relevante antes de hablar: Por supuesto, tanto usted como la otra parte llegan a una conversación difícil con una opinión.

Tienes ideas sobre el tema y puede que tengas experiencias que apoyen lo que sientes al respecto. Sin embargo, es probable que ambos tengan algo más que decir que su opinión preconcebida.

. . .

Como has aprendido, mucha de la información relevante se presenta sólo durante la conversación, y es tu trabajo escarbar en busca de toda la información relevante que esté disponible bajo la superficie para poder hablar de ello con detenimiento. Veamos cuatro formas de hacerlo.

1. Realiza un chequeo personal: Los sentimientos, las emociones y los recuerdos que afloran en tu interior mientras mantienes la conversación te ofrecen mucha información sobre lo que está ocurriendo entre tú y la otra persona. Comprobarte a ti mismo es una buena manera de ver si tu experiencia interior (sentimientos y emociones) se refleja correctamente en tu expresión exterior (lo que dices y haces).

Evaluar la congruencia en cinco pasos: Para descubrir información sobre este nivel de congruencia, trabaja desde fuera (lo que la otra persona notará en ti) hacia dentro (lo que estás experimentando en tu interior). Estos son los cinco pasos:

- Estate plenamente presente y observe cómo se está comportando y qué está diciendo.
- Observa qué energía estás trayendo a la habitación. Puedes escudriñar rápidamente tu cuerpo en busca de elementos como la ligereza frente a la pesadez y la actitud

constructiva y orientada a la solución frente al intento de tener razón.

- Comprueba tu cuerpo: ¿Cómo te sientes a nivel físico? ¿Tu cuerpo se siente a gusto o tenso? ¿Tu respiración es lenta y profunda o rápida y superficial?
- Profundiza: ¿Qué emociones estás experimentando? ¿Qué se está desencadenando en tu interior?
- Haz coincidir lo que experimentas en tu interior (números 3 y 4) con lo que muestras en tu exterior (números 1 y 2). ¿Hay congruencia entre ellas? Lo ideal es que estos cuatro aspectos estén alineados entre sí, es decir, que ningún aspecto de tu presencia supere a otro.

Para alinearse, encuentra valor: Si notas que aún no estás totalmente alineado, lo que necesitas para arreglarlo es valor. Necesitas el coraje de abrirte a lo que realmente estás experimentando y compartirlo con la otra persona.

La forma de hacerlo no es reaccionar sin sentido (por ejemplo, gritando cuando sientes ira), sino hablar de tus sentimientos y pensamientos como si fueran una fuente de información. Así que, en lugar de gritar, puedes decir algo como "Me doy cuenta de que tu último comentario me enfada".

La cuarta forma de recabar información, aprovechar el trasfondo, lo explicará con más detalle, pero por ahora, simplemente reconoce por ti mismo si no eres congruente en la conversación y estate dispuesto a cambiar las cosas.

1. Estar atento: La segunda forma de reunir información es ampliar tu perspectiva e investigar fuera de ti. ¿Cómo experimentas la energía en la habitación? ¿Qué vibraciones percibes? ¿Qué significa para ti y cómo respondes a ello?
2. Haz preguntas: Una forma obvia de reunir información durante una conversación es hacer preguntas. Puedes hacer preguntas para:

- Aprender más sobre lo que la otra persona piensa o siente.
- Animarle a explorar una nueva perspectiva o a ver las cosas desde otro ángulo.

El arte consiste en encontrar las preguntas adecuadas para el momento. A continuación se presentan varios tipos de preguntas útiles e información sobre cuándo es mejor utilizarlas en una discusión consciente.

Preguntas abiertas: Una pregunta abierta es muy amplia y no tiene una respuesta correcta o incorrecta.

. . .

Hacer una pregunta abierta es útil para generar información que permita entender mejor a la otra persona. La respuesta te permitirá conocer el mundo de la otra persona. Este tipo de preguntas son valiosas sobre todo al principio de una conversación difícil, cuando intentas aclarar los distintos puntos de vista. He aquí algunos ejemplos:

- "¿Dónde te gustaría ir a cenar esta noche?"
- "¿Cuál es su flor favorita?"
- "¿Cuánto tiempo lleva practicando la medicina?"

Preguntas cerradas: Una pregunta cerrada es una pregunta dirigida a la que normalmente sólo se puede responder con un "sí" o un "no", y no invita a dar más respuestas. Una pregunta cerrada genera poca información nueva y puede parecer un poco brusca, y por eso debes tener cuidado con el momento en que la haces.

Sin embargo, hacer preguntas cerradas puede ser muy útil, porque crean claridad. Una pregunta de sí/no establecerá si la otra persona está o no de acuerdo con tu afirmación. Cuando se utilizan con moderación y por la razón adecuada, este tipo de preguntas pueden hacer avanzar la conversación porque crean un entendimiento compartido. Pruébalas en estos momentos de la conversación:

- Al principio, para establecer un objetivo compartido ("Mi intención es encontrar una solución que funcione para ambos. ¿Estás de acuerdo?").
- Durante la conversación, para resumir y comprobar su comprensión ("Te he oído explicar...; ¿lo he entendido bien?").
- Para concluir la conversación, a veces concertando una nueva cita ("¿Continuamos nuestra conversación el próximo jueves?").

Preguntas "Por qué": "Por qué" es una forma super rápida de bucear bajo la línea de flotación, y puede ayudar a descubrir y aclarar las razones subyacentes. Las preguntas "por qué" conducen a una capa mucho más profunda dentro del iceberg de la otra persona, y muy a menudo, la otra persona no está en absoluto preparada o incluso dispuesta a ir allí. Además, las preguntas de "por qué" pueden resultar agresivas, capciosas y hostiles, como en los siguientes ejemplos:

- "¿Por qué te comportas así?"
- "¿Por qué me miras así?"
- "¿Por qué estás molesto?"

En respuesta a una pregunta de "por qué" "cómo éstas", a menudo te encontrarás con un comportamiento defensivo, seguido de contra preguntas, como "¿Qué quieres decir?" o "¿Por qué quieres saberlo?"

No hace falta decir que no es útil que usted sea hostil y su pareja esté a la defensiva: estos comportamientos son altamente contraproducentes para la conexión y la cooperación.

Piensa que las preguntas de "por qué" son territorio de entrenadores y terapeutas. En un entorno super seguro, pueden ser aceptables, y muy útiles, como forma de profundizar. Sin embargo, en las conversaciones difíciles "normales" o en los conflictos, intenta primero utilizar una alternativa:

- Prueba con preguntas del tipo "¿Qué te hace_____?", como "¿Qué te hace hacer esto?" o "¿Qué te hace creer eso?".
- Comprueba tus suposiciones o tu comprensión de la otra persona diciendo algo como "Entiendo que te comportas así porque_____; ¿es así?"

Preguntas perspicaces: Las preguntas abiertas, cerradas y "por qué" se clasifican en función de su forma, pero otra forma de ver las preguntas es examinar su objetivo. Muy a menudo, cuando hacemos preguntas, las hacemos para satisfacer nuestra propia curiosidad. Hacemos preguntas para aclarar las cosas y para comprenderlas mejor (por ejemplo, "¿Quién te ha dicho eso?" o "¿A dónde te gustaría mudarte?").

Este tipo de preguntas puede ser muy útil en las conversaciones difíciles, cuando estamos en la fase de crear una mejor comprensión de los hechos y del otro. Con el tiempo, los hechos están claros y hay que pasar a otro tipo de preguntas.

En ese momento, podemos pasar a las preguntas perspicaces, que crean comprensión en la otra persona. A diferencia de las preguntas "por qué", las preguntas perspicaces no se perciben como una amenaza. Por ejemplo, cuando la otra persona está considerando las razones racionales de una decisión, puedes aportar la perspectiva de cómo se siente respecto a la decisión preguntando algo como "¿Qué te entusiasma de ello?". Una pregunta así ofrecerá una forma diferente de ver el problema y creará una nueva perspectiva de la situación para ellos. Por supuesto, también crea una nueva perspectiva para ti, pero ese no es el objetivo principal. Las preguntas perspicaces suelen ser también muy fortalecedoras, e incluso pueden ayudar a las personas a pasar del papel de víctima o perseguidor al de empoderado. Algunos de los otros cambios que las preguntas perspicaces pueden crear son:

- Del problema al potencial ("¿Qué necesitaríamos para poder permitirnos ambas cosas?" en lugar de "¿Qué opción eliges?").
- De lo estrecho a lo amplio ("¿Es éste el

verdadero problema o es en realidad algo más?" en lugar de "¿Qué solución ves?").
- De la perspectiva al significado ("¿Qué te hace pensar eso?" en lugar de "¿Qué piensas de eso?").

Puedes ver lo poderosas que pueden ser las preguntas perspicaces en los momentos cruciales de una conversación porque suelen mostrar comprensión, apoyo, conexión y compasión, y ayudan a avanzar hacia una solución.

1. Aprovechar la corriente subterránea: Ahora es el momento de aprender a descubrir esa información y sacarla del fondo de la conversación. Hay dos formas de entrar en la corriente subterránea.

- Tú: Puedes decidir compartir más de tu propio iceberg con la otra persona. Puede que te sientas nervioso por ello, y no pasa nada, pero aprenderás por qué es una forma eficaz de invitar a la conexión y al entendimiento mutuo.
- La otra persona: También es posible sacar a relucir cosas que intuyes que están pasando en el iceberg de la otra persona. Esta técnica requiere presencia, conciencia y habilidad, y

debe hacerse respetando el espacio personal
de la otra persona.

Acceder a la corriente subterránea a través de ti: El primer paso para acceder a la corriente subterránea es abrirse a lo que realmente ocurre en tu interior cuando mantienes la conversación, en lugar de encubrirlo (por ejemplo, con argumentos racionales). Esto empieza por hacer un chequeo personal. Tomarte el tiempo de darte cuenta de lo que te pasa te ayudará a dar el primer paso para añadir elementos del trasfondo a la conversación.

La apertura necesaria para descubrir partes de tu iceberg requiere valor. Y el valor, por desgracia, no es algo que se aprenda en un libro, sino que es como un músculo que hay que entrenar para que crezca. Sacar a relucir la información personal del fondo descubre algo sobre ti que la otra persona puede desconocer, y esto es tanto el motivo por el que no quieres hacerlo como por el que deberías hacerlo de todos modos. Compartir información veraz sobre ti profundiza la comprensión y la conexión y conduce a conclusiones más exitosas.

¿Significa esto que tienes que compartir todo, como lo que sentiste cuando te dejó tu novio del instituto? No.

. . .

Aunque esa información puede ser relevante y útil para establecer conexiones en algunas conversaciones, no es relevante cuando se está discutiendo un aumento de sueldo. Al contrario, compartir información muy personal fuera de contexto no ayuda en absoluto a facilitar la resolución de conflictos.

En su lugar, comparte lo que notes que te surge durante el intercambio que se está produciendo en ese momento.

Por ejemplo, comparte cómo te sientes infravalorado porque el aumento de tu paga se ha retrasado un trimestre más.

Comparte la irritación que sientes cuando tu jefa no encuentra la manera de darle prioridad cuando lo prometió el trimestre pasado.

Acceder a la corriente subterránea a través de la otra persona: La segunda forma de acceder a la corriente subterránea es sacar a relucir las cosas que sientes que están pasando en el iceberg de la otra persona. Esta técnica requiere presencia, conciencia y habilidad.

. . .

Cuando estás plenamente presente con otra persona, captas de forma natural las señales sobre lo que realmente le ocurre, basándote en su nivel de energía; la alineación entre sus palabras y su presencia; y si se siente tranquila, nerviosa o incluso ansiosa.

Por diversas razones, esta información no suele utilizarse en la conversación real. Algunas personas piensan:

- Es irrelevante.
- Es el trabajo de la otra persona sacarlo a la luz.
- Es una violación de la intimidad de la otra persona siquiera advertirlo, y mucho menos hacerlo parte de la conversación.
- Es algo que requiere ciertas habilidades, de las que ellos carecen, para sacarlo a relucir adecuadamente.

A pesar de estas dificultades, hacer que este tipo de información forme parte del intercambio real puede ser una de las herramientas más útiles para llevar la conversación a un nivel más profundo y significativo. Cuando aportas algo del trasfondo a la conversación, ayudarás a que la interacción vaya en la dirección correcta, a la vez que animas a la otra persona a acceder y expresar sus verdaderos sentimientos y creencias sobre el tema.

. . .

En este punto, todavía estás recopilando información, pero cuando llegue el momento de hablar, tu uso de lo que recoges en la corriente subterránea sonará algo así: "Percibo que en realidad estás bastante enfadado por esto, ¿verdad?" (aunque no lo estés expresando con tus palabras) o "Siento que hay mucho más en esto, ¿no?" (que lo que estás compartiendo conmigo en este momento).

Para las personas que no son naturalmente sensibles a los sentimientos de los demás, llegar a la corriente subterránea puede parecer un reto. Y sí, probablemente se necesitará algo de práctica para empezar a percibir lo que la gente no está compartiendo explícitamente. Pero todo empieza por ser consciente de que hay más cosas que explorar. La mejor manera de entrar es sentir verdadera curiosidad por la otra persona.

Reconocer de qué se trata realmente a través del trasfondo: Aparte de compartir algo sobre tus propias motivaciones, creencias, sentimientos, etc., o de sacar a relucir algo que intuyes que le pasa a la otra persona, hay una tercera forma de utilizar el trasfondo para profundizar en la conversación. A menudo, en algún lugar bajo la superficie, hay indicios sobre la salida de las dificultades que estáis experimentando.

. . .

Se presentan como coincidencias significativas, como ideas repentinas que surgen en uno de los participantes, un entendimiento inesperado o un sentimiento que aflora.

Resumiendo, se podría llamar a esto "sincronicidad".

Imagina, por ejemplo, que estás en una conversación difícil con tu colega sobre una tarea compartida. Ella es el tipo de persona a la que le gusta seguir el flujo de las cosas y trabaja cuando le llega la inspiración. A ti, sin embargo, te gusta hacer un cronograma de todo lo que hay que hacer. Los dos estáis debatiendo qué enfoque adoptar en vuestro proyecto compartido, y la conversación no parece ir a ninguna parte. De repente, se te ocurre una idea: ¿Y si simplemente planificas el proyecto según tu sistema y marcas tres o cuatro hitos clave? Si tu colega está de acuerdo con estos hitos, lo que haga para llegar a ellos no importará tanto. De este modo, ambos disfrutáis de vuestro propio ritmo de trabajo y os sentís más seguros de las posibilidades de terminar a tiempo y con los resultados adecuados.

Se lo propones a tu compañera y ella acepta la idea. Juntos, decidís los hitos y os ponéis a trabajar.

. . .

En este ejemplo, una simple idea es la sincronización que ayuda a salir del punto muerto en el que os encontráis hace unos minutos. Presta atención a los pensamientos, palabras y sentimientos repentinos que surgen, ya que pueden ser el camino hacia una solución viable. Mucha gente los ignora, ya que parecen estar fuera de contexto o ser demasiado obvios, pero en realidad suelen ser exactamente lo que estás buscando. Cuando te animes a mencionar tu pensamiento o sentimiento inesperado, puede que te sorprenda el efecto.

Errores que hay que evitar al hablar: Una vez que haya reunido los conocimientos pertinentes, es el momento de empezar a compartir su perspectiva de las cosas. Exploremos seis escollos muy comunes al hablar y cómo puedes enfocar las cosas de forma consciente en su lugar.

Cómo hablar con atención: Tener en cuenta los siguientes puntos clave te ayudará a hablar de una manera que es más probable que conduzca a soluciones positivas. Ambos parten de la base de estar plenamente presente, hablar desde la intención correcta y utilizar la curiosidad para profundizar en la conexión con la otra persona.

Ser sincero: La sinceridad es una cualidad fundamental para hablar con atención.

Significa que eres genuino, honesto y libre de duplicidad. La sinceridad es la congruencia entre lo que experimentas y lo que dices y haces, la aceptación de tu propia vulnerabilidad, la franqueza y la honestidad, todo ello en un solo paquete. La sinceridad no se puede fingir, por definición. Sólo puedes ser sincero si crees en lo que dices.

Y si crees en lo que dices, la gente lo percibirá y sentirá que actúas con sinceridad. Esta atmósfera crea un cambio de energía más amplio y una invitación para que la otra persona también sea sincera, lo que crea una conexión.

Si aceptan la invitación, habrás dado un gran paso para superar con éxito tu conversación o conflicto difícil.

Practica la amabilidad y la compasión: Las actitudes conscientes como la generosidad, la amabilidad y la compasión pueden, por supuesto, brillar en lo que dices y en cómo lo dices. Muchas personas hablan por defecto en términos absolutos (diciendo palabras como "nunca" y "siempre"), pero este enfoque no favorece una conversación constructiva. La respuesta de la otra persona a este tipo de afirmaciones será defenderse y demostrar que las afirmaciones no son ciertas, alejando la conversación del tema real.

. . .

Por amabilidad y sabiduría, abstente de usar absolutos y en su lugar habla de lo que has notado en una situación específica.

Otra forma común de formular las cosas, especialmente cuando se está en una discusión difícil, es utilizar "pero", como en "entiendo lo que dices, pero...". Quizá ya sepas lo que ocurre cuando oyes ese "pero": Todo lo que se ha dicho antes queda anulado. Todo el mundo asume que el mensaje más importante vendrá después del "pero".

Como alternativa, puedes utilizar "y", como en "He oído lo que estás diciendo, y me gustaría añadir..." "Y" es inclusivo, como has visto en la postura "Y": Ambas cosas pueden ser igual de correctas, lo que apoya mucho las mentalidades conscientes como la de ganar-ganar, la generosidad y la apertura a la sincronización.

Da a la otra persona el beneficio de la duda reconociendo su experiencia (lo que no significa que tengas que estar de acuerdo con ella) y siendo consciente del hecho de que la forma en que has experimentado las cosas que han dicho o hecho no es necesariamente la forma en que estaban destinadas. El impacto y la intención no son siempre lo mismo (por ejemplo, "La forma en que me hablaste me hizo sentir atacada, aunque sé que no era tu intención").

Empezar con algo pequeño: Gran parte de lo que la mayoría de la gente necesita practicar en lo que respecta a hablar con atención es cómo acceder al trasfondo de una manera compasiva. Quizá quieras empezar por aumentar tu conciencia de lo que ocurre en la corriente subyacente un poco más, comprobando pequeñas cosas con las personas con las que hablas. Así, por ejemplo, en una conversación normal con tu pareja sobre dónde ir a cenar, utiliza las señales tácitas que envían para decir algo como "Tengo la sensación de que quieres comer especialmente en un lugar en el que no hemos estado antes; ¿es así?".

Desarrollar un discurso consciente es más fácil cuando lo enfocas como una exploración o una pequeña aventura.

El mero hecho de sentir curiosidad por el trasfondo hará que quieras comprobarlo contigo mismo y con los demás.

Definitivamente, se necesita práctica, pero la confianza crecerá rápidamente si se empieza con algo pequeño.

Practica la experiencia de la sinceridad: Mientras tanto, no hay nada malo en empezar a hablar con sinceridad hoy mismo.

Hablar con sinceridad es una experiencia poderosa.

Saber que estás diciendo lo que es en realidad, realmente verdadero para ti, disminuye el estrés de estar en una situación desafiante. Disminuye el enfoque en lo que la otra persona pueda pensar sobre lo que dices, ya que es claramente cierto para ti. Se podría decir que la sinceridad es una victoria fácil. Todos podemos hacerlo ya; sólo es cuestión de elegir hacerlo. Algunas personas incluso notan que cuando hablan con sinceridad experimentan una sensación de energía positiva que fluye a través de ellas.

Vamos a probarlo: Siéntate en una silla con los pies en el suelo. Coloca la mano izquierda sobre el corazón y la derecha sobre el vientre. Lleva tu atención a tu respiración primero; respira en tu vientre, conectando con tu cuerpo. A continuación, pon tu atención en algo que sepas que es cierto para ti, como lo mucho que valoras tu trabajo o lo mucho que aprecias tu casa. Entra realmente en ese sentimiento, conecta con él y respira en él. Y toma conciencia de las sensaciones energéticas que experimentas en tu vientre. Esta sensación es la que te acostumbrarás a experimentar cuando hables con atención en conversaciones difíciles.

7

El enfoque PAUSI

En los capítulos anteriores, has aprendido las habilidades para estar, escuchar y hablar en conversaciones difíciles. Y en la primera parte de este libro, has aprendido los principios básicos para manejar cuidadosamente tus enfrentamientos. Puede sentirse como una gran responsabilidad cuando se da cuenta de cómo puede, y necesita, influir en las conversaciones. Hay mucho que pensar, mucho que ser y hacer, y mucho que notar.

Pero no hay que temer. En este capítulo aprenderás la mnemotecnia PAUSA, que reúne todo el enfoque consciente de la resolución de conflictos en un sistema fácil de recordar, paso a paso. También aprenderás qué hacer cuando los demás no siguen las reglas, cómo abordar las personalidades tóxicas y cómo invitar a la gente a una conversación consciente sobre temas difíciles.

El enfoque PAUSI: En el enfoque PAUSI, la mentalidad y las habilidades que has aprendido en este libro se unen de una manera fácil de recordar. Seguir los cinco pasos de PAUSI te ayudará a liberarte de responder por miedo y por el viejo dolor. PAUSI te abre a una mentalidad positiva y productiva al tiempo que te involucra por completo, sacando a la luz todo lo relevante para la conversación, permitiéndote reconocer las posibles soluciones o salidas cuando surjan. PAUSI es un acrónimo, y cada letra representa un concepto más amplio. Sin embargo, incluso la propia palabra "pausa" será probablemente suficiente para ayudarte a recordar ese concepto más amplio mientras sigues los cinco pasos. PAUSI significa:

- Presencia
- Aceptación
- Una corriente de fondo
- Sincronicidad
- Intercambio

El enfoque PAUSI es un proceso circular. Una vez que has compartido lo que querías decir y la otra persona responde, vuelves al primer paso, permitiendo que te llegue nueva información.

. . .

El hecho de que el enfoque PAUSI te recuerde que debes hacer una pausa es una ventaja añadida. Tomarse un momento para hacer una pausa puede hacer maravillas en su capacidad para manejar una situación o persona difícil. Respira profundamente y permítete el tiempo suficiente para reagruparte y considerar cómo quieres ser en esta confrontación: ¿Eliges juzgar? ¿Les haces ver que tienes razón? ¿O eliges comprometerte con la conciencia y encontrar una forma de avanzar que funcione? Como dice Gerald Jampolsky, una autoridad de renombre mundial en psiquiatría y salud: "Puedes tener razón o puedes ser feliz".

Exploremos cada palabra de PAUSI para ver el concepto más amplio que representa.

Presencia: El rasgo principal de la conciencia plena, y del enfoque PAUSI, es permanecer plenamente presente durante todos y cada uno de los momentos de tu interacción.

- Elimina todas las distracciones.
- Deja de lado el parloteo de la mente sobre el pasado, el futuro y qué decir exactamente a continuación. Estate aquí, ahora.
- Descubre cómo se comporta la otra persona en este momento.

Piensa en lo que estás aprendiendo sobre tus razones y necesidades, así como lo que estás aprendiendo sobre tus propias razones y necesidades.

Tu presencia personal también incluye la energía que aportas a la conversación. Centrarse en la presencia personal es una decisión consciente de crear una fuerte alineación entre tu mundo interior y exterior, lo que influirá positivamente en la fuerza y la confianza que proyectas.

Aceptación: Tu aceptación de la situación y de la otra persona tal y como son ahora mismo es un paso crucial para la gestión consciente de los conflictos. No será posible ver las posibles soluciones que están surgiendo sin dar este paso primero. A partir de ahí, es más fácil dejar que el proceso se desarrolle como lo hace, sin esforzarse por alcanzar una solución específica y sin juzgar a la otra persona, la situación o a ti mismo.

Básicamente, estás dejando de lado la necesidad de que ocurra algo en particular y dando un paso atrás hacia una posición de observador.

. . .

Al estar menos involucrado emocionalmente en un resultado específico, es posible mantener una mente abierta sobre las sorpresas que la conversación tiene reservadas para ti. Y, sobre todo, te ayudará a aportar tu curiosidad y tu mentalidad de principiante a la situación, para que busques activamente nuevas ideas sobre la situación, la otra persona o tú mismo.

Una Corriente subterránea: Abres tu conciencia del trasfondo de la conversación a través del ser:

- Presente en la conversación y en tu propio cuerpo.
- Ser capaz de percibir más de lo que la gente dice.
- Ser capaz de notar cambios sutiles en la energía.

Las habilidades que has aprendido en este libro hacen que el trasfondo -y su tesoro de información útil- esté disponible para ti. Utilízala para ayudarte a encontrar palabras compasivas y hacer sugerencias constructivas para que el conflicto avance de forma positiva.

Sincronicidad: Tu conexión con la corriente subterránea te abre al potencial de la sincronicidad.

Espera que te sorprendas gratamente, y probablemente lo harás. Lo esencial aquí es traer la mentalidad de interconexión y de ganar-ganar, confiar en el proceso y creer que surgirá una forma positiva de avanzar. Ten en cuenta que lo realmente importante se presentará durante la propia conversación, no mientras se prepara.

Presta atención a lo que ocurre durante la conversación. A menudo te darás cuenta de que la razón por la que mantienes la conversación en primer lugar también se está reproduciendo en la charla que estás manteniendo.

Así que si te sientes molesto o irritado, fíjate en lo que está ocurriendo y quizá puedas utilizar lo que está sucediendo ahora como una ilustración de lo que está ocurriendo en un sentido más amplio.

Simplemente reconociendo y actuando sobre las ideas inesperadas que surgen cuando permites que tu verdadero yo se encuentre con su verdadero yo, la mejor manera de avanzar o esa cosa crucial que decir puede surgir milagrosamente. Así que, parafraseando a Wayne Dyer, sé realista y espera milagros.

. . .

Intercambiar: Este último paso del enfoque PAUSI consiste en el intercambio real con la otra persona. Decir lo que tienes que decir de forma consciente es una herramienta muy poderosa. Aquí es donde pones en forma todo lo que has reunido, encontrado, sentido, sabido y deseado (a través de la expresión consciente). Es importante decir lo que quieres decir de la manera más sincera posible. Hablar con sinceridad es la manifestación de una fuerte alineación entre tu mundo interior y tus palabras.

Al escuchar tus palabras, la otra persona sabrá de qué vas.

Aplica la PAUSI a una conversación pasada para practicar: Para ver en qué punto se encuentran tus habilidades de gestión consciente de conflictos, dedica un tiempo a analizar algunas conversaciones recientes que supongan un reto. Probablemente recuerdes al menos un par de ellas.

Crea un tiempo y un espacio tranquilos para hacer este ejercicio. Trae un bolígrafo y un papel para anotar sus pensamientos. Piensa en una conversación desafiante, de tu vida privada o de una experiencia profesional.

. . .

Siéntate cómodamente, con los dos pies en el suelo, y respira en tu vientre para centrarte en tu cuerpo. Piensa en lo que sucedió y explora repasando cada paso del enfoque PAUSI: ¿Estuviste completamente presente todo el tiempo o hubo distracciones? ¿Te tomaste tiempo al principio y durante la conversación para comprobarte a ti mismo y conectar con lo que estabas experimentando?

¿Tuviste en cuenta tu energía y tu presencia?

¿Fuiste capaz de aceptar la situación tal y como era? ¿Pudiste dejarte llevar y explorar o te esforzaste por crear un resultado específico? ¿Estabas abierto a la corriente subterránea? ¿Hiciste algo con las señales que recogiste de la otra persona o con las corazonadas intuitivas que encontraste en ti mismo? ¿Reconociste las ideas sincronizadas o inesperadas por lo que eran? ¿Las introdujiste en la conversación para explorar si podían ser una forma interesante de avanzar? ¿Hablaste con sinceridad y aceptaste plenamente que eras dueño de la situación?

Realiza esta autopsia para al menos tres conversaciones difíciles de tu pasado: Probablemente empezarás a ver patrones y a reconocer qué elementos te resultan naturales y cuáles requieren un poco más de práctica y conciencia.

Toma las habilidades que requieren tu atención y comienza tu práctica del enfoque PAUSI con ellas. En tus próximas conversaciones (ni siquiera tienen que ser conflictos), céntrate conscientemente en una parte del enfoque PAUSI que te resulte difícil. Cuando te resulte más fácil utilizar cada uno de los pasos por sí mismo, empieza a añadir los demás pasos, hasta que puedas utilizar los cinco pasos de PAUSI en una conversación.

Si no va bien: Ahora ya sabes cómo gestionar los conflictos de forma consciente, así que todo irá bien. ¿Verdad?

Todos sabemos que el mundo no funciona así. ¿Qué ocurre si te ves envuelto en una conversación difícil y, aunque intentas seguir la PAUSI, no funciona? Hay dos posibles razones para ello: O eres tú o son ellos. O tú te quedas atascado en algún sitio, o ellos no están jugando al mismo juego. Exploremos cómo lidiar con ambos escenarios potenciales.

¿Podrías ser tú? Como ya sabes, empieza por comprobarte a ti mismo:

- ¿Estás plenamente presente?

- ¿Has aceptado la situación tal y como es, para poder estar abierto a lo que pueda llegar a ser?
- ¿Estás abierto a lo que ocurre en la corriente subterránea?
- ¿Estás abierto a las sincronías?
- ¿Utilizas lo que ocurre en la corriente subterránea y las posibles sincronicidades para dirigir la conversación hacia los temas que realmente importan?

Si la respuesta a cualquiera de estas preguntas es "no", ahí es donde empiezas a hacer ajustes. Mientras la conversación continúe, puedes seguir adelante y hacer un cambio en la forma en que te presentas.

Sin embargo, si la respuesta a todas estas preguntas es positiva, tendrás que investigar más a fondo:

- ¿Qué ocurre realmente en tu interior?
- ¿Están tus palabras en plena consonancia con lo que experimentas en tu interior?
- ¿Por qué las cosas se vuelven intensas para ti?
- ¿Estás diciendo toda tu verdad?
- ¿Estás revelando lo que realmente sientes?

Si notas que en algún lugar no estás en plena integridad, pregúntate por qué. ¿Qué te impide abrirte de verdad? Por supuesto, puede haber muchas razones por las que no te sientas seguro para abrirte completamente.

Algunas de ellas pueden manejarse añadiendo valor y haciéndolo de todos modos. Pero hay algunas razones que merecen una atención extra.

Temes una escalada: Tal vez notes que la situación está al borde de la escalada. Las emociones fuertes están surgiendo dentro de uno de ustedes, tal vez incluso de ambos, y se siente inseguro sobre su capacidad para contener la situación. Esta incertidumbre puede impedirte expresar lo que realmente sientes sobre la situación. Entonces, ¿cómo se puede trabajar con eso?

En primer lugar, recuerda que sabes cómo manejar las emociones y que no hay nada que temer. Respira un poco y luego habla de las emociones en lugar de dejar que se desarrollen por completo en el plano físico. Este momento de respiración es suficiente para calmar la situación. Pero si no te has dado cuenta a tiempo y las emociones se desbordan, no es el fin del mundo. En cuanto te hayas reagrupado aunque sea un poco, nombra lo que te pasa: "Estoy muy triste por todo esto" o "Tu comentario me ha tocado la fibra sensible", por ejemplo.

Si las emociones fuertes son de la otra persona, puedes considerar si realmente pudiera ser útil permitir que el globo emocional estalle. Permitir que las emociones se expresen es a veces la forma más directa de superar una situación difícil, incluso cuando la emoción es la ira y te apunta a ti. En una situación como ésta, es prudente considerar si la liberación de las emociones apoyará un resultado positivo. Si es así, a menudo basta con nombrar la emoción que se está recogiendo para liberarla: "Veo que estás enfadado..." es un ejemplo.

A la hora de manejar las emociones, lo más importante es recordar que no son más que un cúmulo de sentimientos.

Sé compasivo cuando surjan, tanto para la otra persona como para ti mismo.

Pregúntate si debes disculparte: Si has reaccionado por tus emociones (ya sea en esta conversación o en otra anterior), o si has hecho algo que ha herido o perjudicado a la otra persona, recuerda el poder de una disculpa verdadera. A algunas personas les resulta muy difícil disculparse, pero puede ser lo mejor.

Después de todo, todo el mundo comete errores. Todos somos falibles. Y tal vez no querías que algo sucediera o no tenías la intención de herir a alguien, pero aparentemente sucedió y alguien resultó herido. El impacto no es lo mismo que la intención, y es prudente aceptarlo. No tienes que decirle a alguien que tiene razón o que su interpretación de lo ocurrido es correcta para enmendar el aparente impacto que has tenido en él.

Te enfrentas al origen del conflicto: Muy a menudo, la razón por la que estás teniendo la conversación se manifestará durante la misma. El hecho de que te enfrentes a la misma cosa que hace que esta persona sea problemática, para empezar, puede desafiarte o asustarte, haciendo que sea difícil manejar la situación de una manera reflexiva. Pero tienes herramientas para enfrentarte a esta situación: Remítete al momento presente para explicar lo que te resulta difícil. Esa es una de las formas más poderosas de hablar de cosas difíciles con la gente.

Estás experimentando acusaciones y ataques verbales: Una última razón por la que no puedes desvelar todo lo que te ocurre es porque te sientes atacado verbalmente. Si la otra persona empieza a insultar o a hacer acusaciones, no tengas miedo de poner límites.

La resolución consciente de conflictos no significa que debas dejar que la gente te pisotee. Es completamente aceptable -y aconsejable- ser claro cuando están cruzando una línea. Puedes establecer límites enmarcando las cosas desde tu perspectiva y no lanzando un contraataque. Incluso puedes utilizar algún material de iceberg para construir una conexión más fuerte: "Me siento atacado por la forma en que expresas esto, y eso hace que me cierre a ti. ¿Podrías reformular lo que quieres decirme?".

¿Podría ser la otra persona? Si has comprobado (rápidamente) todas estas razones por las que podrías estar desalineado, y resulta que no lo estás, entonces, y sólo entonces, es el momento de mirar al otro lado de la mesa.

Tal vez sea la otra parte, después de todo.

Si la gente muestra un comportamiento tóxico

Algunas personas son realmente difíciles de manejar porque muestran un comportamiento tóxico. Probablemente conozcas al menos a unas cuantas personas en cuya compañía empiezas a sentirte agotado, molesto o incluso triste. Las personas tóxicas están en todas partes, y existen muchas variedades diferentes.

Pueden ser narcisistas, querer quejarse de todo, centrarse únicamente en la negatividad, ser chismosos, ser propensos al drama, poner un reclamo emocional sobre ti, o actuar como si lo supieran todo. La forma más fácil de reconocerlos es tomar nota de cómo te sientes después de haber pasado tiempo con ellos. Si sólo te sientes un poco bajo de energía una vez, puede ser casualidad. Si ocurre dos veces, entras en la zona de riesgo, y cuando ocurre tres veces o más, es un patrón.

El mayor riesgo al tratar con personas tóxicas es pensar que puedes cambiarlas, o esperar que ellas mismas cambien, y quedarte en la relación más tiempo del que es prudente para tu propio bienestar. Otro riesgo es dedicar tanto tiempo a reflexionar sobre lo problemática que es la persona tóxica que uno mismo se deja arrastrar por la negatividad. Manejar a las personas tóxicas requiere (a) reconocer que estás tratando con una persona tóxica (la conciencia te ayudará a hacer una pausa, en lugar de saltar a una respuesta inmediata), (b) ser completamente realista sobre el hecho de que las personas casi nunca cambian (a menos que ellos mismos vean el valor de ello - principio consciente: aceptación), y (c) centrarse en cómo tratar con ellos en lugar de pasar el tiempo pensando en lo horrible que son (principio consciente: no juzgar).

Al interactuar con personas tóxicas, es muy difícil no responder emocionalmente a su llamamiento para reconocerlas. En tus interacciones con ellos, prueba estas estrategias.

- Acepta que son como son en este momento. La aceptación es la clave aquí. Esto te permitirá elegir: ¿Quieres pasar más tiempo en compañía de la toxicidad o estás preparado para irte?
- Establece límites y fronteras claras si decide seguir hablando. A tu amigo narcisista, podrías decirle: "Me he enterado mucho de cómo te van las cosas, y realmente aprecio que compartas tanto. También han pasado muchas cosas en mi vida y es importante para mí compartir algunas de mis experiencias contigo. ¿Estás dispuesta a escucharme un rato?". Y a un amigo que cotillea mucho puedes ser bastante directo y decirle algo como "No me gusta hablar de los demás cuando no pueden defenderse. Pero si quieres, podemos hablar de cómo sacar este tema con ellos para aclarar las cosas entre vosotros."
- Utilizar el triángulo del drama y la dinámica

del empoderamiento. Algunas personas tóxicas pueden ser abordadas utilizando lo que aprendiste sobre ellas. Los que se quejan, por ejemplo, se ponen básicamente en la posición de víctimas. Al preguntarles qué piensan hacer para cambiar las cosas, o tal vez qué tipo de apoyo necesitarían para hacer los cambios necesarios, les invitas a salir del triángulo dramático. Aunque muchas veces no podrán hacer un cambio todavía, seguir esta estrategia te permitirá evitar que los salves o que te conviertas en el perseguidor.

Una asociación de oro: Sinceridad y curiosidad. Cuando las cosas se ponen difíciles -ya sea usted o la otra persona la que lo está pasando mal- lo que realmente debe recordar es abrazar la sinceridad y la curiosidad.

Este dúo dorado de "mentalidades" forma parte del enfoque PAUSI, pero incluso cuando todos los demás elementos del enfoque mindful se han hundido momentáneamente en el fondo de tu mente, estos dos te mantendrán en el lado mindful de las cosas.

Sinceridad: Ser sincero en una conversación significa decir sólo cosas que creas que son completamente ciertas y hablar constantemente desde un estado de congruencia entre lo que dices y lo que estás experimentando en tu interior. Para ser sincero, tienes que ser consciente de ti mismo y estar bien contigo mismo, tanto con las cosas que te gustan como con las que estás menos contento. También es importante bajar la guardia para descubrir verdades sobre uno mismo. En situaciones en las que las cosas son difíciles, esto puede ser súper desafiante y dar miedo, pero cuando hablas con sinceridad, tu mensaje tiene mucho más impacto.

La sinceridad se encuentra en una combinación de la elección de las palabras, la alineación interior y el tono de voz. Es difícil de guionizar, y la forma más sencilla de saber qué decir es dar un paso atrás, respirar en el abdomen y preguntarse: "¿Qué es realmente cierto para mí en este momento?". Puede que te des cuenta de que lo que es realmente cierto te lleva a decir algo como "Sabes, en este momento lo que realmente quiero es simplemente ser capaz de superar esto y volver a ser amigos". ¿Qué crees que haría falta para ello?". Hablar con sinceridad ablanda considerablemente a la otra persona, lo que creará una nueva apertura para retomar la conversación en un nivel más constructivo.

Curiosidad: La curiosidad es el otro estado esencial que hay que abrazar cuando las cosas se calientan. Es el motor de la cooperación y la interconexión, y cuando las conversaciones se vuelven difíciles, la curiosidad te mantendrá en el lado consciente de las cosas en lugar de caer en trampas como la actitud defensiva y la protección de tu ego.

Seguir adelante u olvidar: Decidir seguir adelante no significa que tengas que estar bien con todo lo que pasó en el pasado, ni que tengas que olvidarlo. Sí significa que puedes ser capaz de dejar de lado las heridas del pasado por el momento y estar presente con lo que está sucediendo ahora. Cuando eres capaz de dejar de lado lo que ha sucedido en el pasado en favor de lo que está sucediendo ahora mismo, puedes permitir que todo lo que eres ahora mismo se encuentre con todo lo que la otra persona es ahora mismo, y ver cómo esto influye en la situación.

Ser curioso te recordará que debes preguntarte por qué las cosas son tan problemáticas. La curiosidad funciona en ambos sentidos: Te llevará a hacer preguntas a la otra persona y también a ti mismo. ¿Qué se está agitando en los icebergs de ambos que hace que las cosas sean tan difíciles? La curiosidad encierra una poderosa energía de aprendizaje, crecimiento y mirada hacia el futuro, que anula los juicios, la historia y las viejas opiniones. Te trae al momento presente. Ser curioso te invitará a preguntar: "¿Por qué lo vives así?" en lugar de soltar: "¡Esto es muy injusto!"

. . .

Vamos con un ejemplo.

Luisa ha tenido una relación difícil con su padre, Miguel, desde que era joven. Miguel y la madre de Luisa se divorciaron cuando Luisa estaba en el instituto y, desde entonces, Miguel ha estado más o menos ausente de su vida. Luisa tuvo una buena infancia, pero el hecho de que su padre apenas estuviera a su lado dejó algunas marcas.

Luisa ha estado muy enfadada con su padre, pero últimamente está empezando a darse cuenta de que seguir enfadada no la hará más feliz. También se da cuenta de que no quiere que él esté completamente fuera de su vida. Ha decidido hablar con él para conocer mejor su punto de vista, ya que nunca entendió realmente los porqués: ¿Por qué hizo las cosas como las hizo? ¿Por qué no tuvo más iniciativa para verla? ¿Y cómo ve él su pasado y su futuro? Ella cree que las respuestas a estas preguntas la ayudarán a dar más sentido a las cosas y podrían conducir a un futuro común en lugar de distanciarse más.

Cuando se encuentra con su padre, está dispuesta a utilizar el método de la PAUSI, pero rápidamente se da cuenta de que él no lo hace. La acusa de no visitarla ni llamarla nunca. A Luisa le coge completamente desprevenida, pero en lugar de ponerse a la defensiva, respira profundamente y se centra, reforzando su presencia. Recuerda el poder de la sinceridad y la curiosidad.

Dice: "Papá, estoy completamente sorprendida por tus palabras. Me duelen y me sorprenden a partes iguales después de todos los años que no has estado ahí para mí".

Deja que sus palabras calen y ve cómo su padre se sobresalta un poco.

Entonces dice: "Pero para ser sincera, estoy aquí para conocer mejor tu perspectiva, y tengo mucha curiosidad: ¿Cómo eran las cosas para ti cuando mamá y tú se divorciaron por primera vez?".

Aunque está triste y dolida por la falta de consideración de su padre, se centra en su intención de conocer su historia. Su sinceridad y su voluntad de escuchar su versión de la historia cambian el enfoque acusador de su padre.

Parece que le gusta hablar de su versión de los hechos, y como Luisa está dispuesta a escucharle, su comportamiento se suaviza considerablemente, lo que les permite por fin explorar cómo pueden estar en la vida del otro a partir de ahora.

Cuando participas en conversaciones difíciles con sinceridad cuando hablas y con curiosidad cuando escuchas, creas un flujo que se refuerza a sí mismo en la conversación, lo que hace casi imposible que la conversación se vaya de las manos. Hacer una declaración completamente sincera y que descubra una verdad sobre ti, seguida de una pregunta genuinamente curiosa para saber más sobre las necesidades de la otra persona, desarma a la otra persona. Esta estrategia tiene una energía tan positiva que tiende a reconducir la conversación.

Conclusión

Felicidades, has terminado este libro que muy posible cambie las dinámicas de tus conversaciones y conflictos. La atención plena no solamente sirve para la resolución de conflictos, sino que se puede llevar a otros lugares de tu vida y de tu día a día. El mundo está muy ocupado.

Doblas la ropa mientras mantienes un ojo en los niños y otro en la televisión. Planificas tu día mientras escuchas la radio y te diriges al trabajo, y luego planeas tu fin de semana. Pero con las prisas por realizar las tareas necesarias, puede que pierdas la conexión con el momento presente, perdiéndote lo que estás haciendo y cómo te sientes. ¿Te has dado cuenta de que has descansado bien esta mañana o de que las flores están floreciendo en tu camino al trabajo?

. . .

La atención plena es la práctica de centrar intencionadamente la atención en el momento presente y aceptarlo sin juzgarlo. La atención plena está siendo examinada científicamente y se ha descubierto que es un elemento clave para la reducción del estrés y la felicidad en general.

¿Cuáles son los beneficios de la atención plena? El cultivo de la atención plena tiene sus raíces en el budismo, pero la mayoría de las religiones incluyen algún tipo de técnica de oración o meditación que ayuda a alejar los pensamientos de las preocupaciones habituales y dirigirlos hacia una apreciación del momento y una perspectiva más amplia de la vida.

El profesor emérito Jon Kabat-Zinn, fundador y antiguo director de la Clínica de Reducción del Estrés del Centro Médico de la Universidad de Massachusetts, ayudó a introducir la práctica de la meditación de atención plena en la medicina general y demostró que la práctica de la atención plena puede producir mejoras en los síntomas físicos y psicológicos, así como cambios positivos en la salud, las actitudes y los comportamientos.

La atención plena mejora el bienestar. Aumentar la capacidad de mindfulness favorece muchas actitudes que contribuyen a una vida satisfactoria.

Estar atento hace que sea más fácil saborear los placeres de la vida a medida que se producen, ayuda a participar plenamente en las actividades y crea una mayor capacidad para hacer frente a los acontecimientos adversos. Al centrarse en el aquí y el ahora, muchas personas que practican el mindfulness descubren que es menos probable que se vean atrapadas en preocupaciones por el futuro o en remordimientos por el pasado, están menos preocupadas por el éxito y la autoestima, y son más capaces de establecer conexiones profundas con los demás.

El mindfulness mejora la salud física. Por si un mayor bienestar no fuera suficiente incentivo, los científicos han descubierto que las técnicas de mindfulness ayudan a mejorar la salud física de varias maneras.

El mindfulness puede: ayudar a aliviar el estrés, tratar las enfermedades cardíacas, reducir la presión arterial, disminuir el dolor crónico, mejorar el sueño y aliviar las dificultades gastrointestinales.

El mindfulness mejora la salud mental.

. . .

En los últimos años, los psicoterapeutas han recurrido a la meditación de atención plena como un elemento importante en el tratamiento de una serie de problemas, como la depresión, el abuso de sustancias, los trastornos alimentarios, los conflictos de pareja, los trastornos de ansiedad y el trastorno obsesivo-compulsivo.

Por encima de todo, la práctica de la atención plena implica aceptar lo que surja en tu conciencia en cada momento. Implica ser amable e indulgente con uno mismo.

Algunos consejos para tener en cuenta:

- Redirigir suavemente. Si tu mente se desvía hacia la planificación, la ensoñación o la crítica, date cuenta de adónde ha ido y redirígela suavemente hacia las sensaciones del presente.
- Inténtalo y vuelve a intentarlo. Si se pierde la sesión de meditación prevista, simplemente vuelva a empezar.

Si practicas la aceptación de tu experiencia durante la meditación, te resultará más fácil aceptar cualquier cosa que se te presente durante el resto del día, incluyendo los conflictos y conversaciones incómodas pero necesarias.

Bibliografía

- Gunathilake, Rohan (2018). *Mindfulness Cards: Simple Practices for Everyday Life.* Estados Unidos: Chronicle Books.
- Harvard Business Review (2020). *Mindfulness: Atención plena.* Estados Unidos: Reverté Management.
- Hasson, Gil (2013). *Mindfulness: Be Mindful. Live in the Moment.* Estados Unidos: Capstone.
- Heaven, Bujo (2021). *Love Yourself First Wellness Journal: Pink Floral Guiado Auto-Care and Mindfulness.* Estados Unidos: Independently published.
- Kabat-Zin, Jon (2017). *Mindfulness: Su origen, significado y aplicaciones.* Madrid: Nirvana Libros.
- Vidyamala, Burch (2013). *Mindfulness For*

ALEXIS FISCHER

Health: A Practical Guide to Relieving Pain, Reducing Stress and Restoring Wellbeing. Estados Unidos: Little, Brown Book Group

www.ingramcontent.com/pod-product-compliance
Lightning Source LLC
Chambersburg PA
CBHW052205090526
44583CB00015BA/1555